F. 3126.

F. 2961.
10. 1.

(Un autre ex. 4° $\frac{F'}{3}$ 15805 ter.)

14287

# E X A M E N.

## DE LA RÉPONSE DE M. N**

# AU MÉMOIRE

## De M. l'Abbé Morellet.

# EXAMEN

## DE LA RÉPONSE DE M. Neker* Négociant.

# AU MÉMOIRE

### De M. l'Abbé MORELLET,

#### SUR

## LA COMPAGNIE DES INDES;

Par l'Auteur du Mémoire.

Septembre 1769.

SE TROUVE

## A PARIS,

Chez DESAINT, Libraire, rue du Foin-Saint-Jacques.

M. DCC. LXIX.

# EXAMEN
## DE LA RÉPONSE DE M. N**
### *Au Mémoire de M. l'Abbé MORELLET,*
#### SUR
## *LA COMPAGNIE DES INDES.*

MONSIEUR,

Puisque mon Mémoire sur la situation actuelle de la Compagnie des Indes, devoit être l'objet de quelques contra-dictions, je ne suis pas fâché qu'un Négociant célebre, jouis-fant de la plus grande réputation de lumieres & de probité, & ancien Administrateur de la Compagnie, se soit chargé de la défendre contre l'attaque que je lui ai livrée, ou plutôt contre les efforts que j'ai faits pour obtenir à tous les Négo-cians du Royaume, la liberté qu'ils ont toujours reclamée, & aux Citoyens, l'exemption d'un Privilége exclusif, auquel ils ont été si long-tems asservis.

Après avoir donné des preuves que je crois démonstratives de l'impossibilité où est la Compagnie de continuer le com-merce, des suites fâcheuses qu'a eu pour l'Etat son Privilége exclusif, de la possibilité du commerce de l'Inde par les Négo-cians particuliers ; enfin, après avoir établi & appliqué à la Compagnie des Indes les principes généraux & reconnus des avantages de la liberté, je vous avoue que je n'aurois peut-être pas répondu à des Adversaires moins dignes que vous de connoître la vérité. Mais quoique les raisons que vous m'op-

A

pofez ne me paroiffent pas folides, elles empruntent de votre confidération perfonnelle un caractere de vraifemblance & d'autorité, qu'elles n'auroient pas dans la bouche de tout autre, que perfonne que vous ne pouvoit leur donner, & qui m'impofe l'obligation de les difcuter & d'y répondre.

Sans compter l'honneur que j'aurai eu de vous avoir pour Adverfaire, je tirerai encore de cette circonftance un avantage bien marqué. C'eft qu'après avoir défendu la caufe de la liberté contre vous, & ajouté aux raifons que j'ai déja données, toutes celles que le tems & la forme de mon premier Ouvrage ne m'avoient pas permis de raffembler, je ferai déformais difpenfé, & je me difpenferai en effet de prolonger une difpute dans laquelle je croirai avoir été attaqué avec toutes les forces qu'on pouvoit m'oppofer, & m'être défendu avec toutes les miennes.

Si l'impreffion que votre Mémoire a faite à l'Affemblée des Actionnaires, étoit la regle de l'opinion durable du public inftruit, & fur-tout défintéreffé, je n'entreprendrois pas d'y répondre : je fais que vous y avez obtenu les plus grands applaudiffemens ; mais je fais auffi qu'il faut mettre une grande différence entre un difcours propre à être lû en public, & une difcuffion férieufe & folide qui peut fupporter l'examen de fang froid. Or il m'a femblé que le mérite de votre Mémoire étoit plutôt d'émouvoir que de convaincre, & que, par cette raifon, il me feroit facile de défendre le mien.

Je me fuis confirmé bien plus fortement dans cette opinion, en voyant que vous ne conteftiez point les affertions principales que j'ai voulu établir, celles qui font relatives au point capital de la queftion, celles qui devoient déterminer le parti que les Actionnaires avoient à fuivre, & celui que le Gouvernement avoit à prendre à l'égard de la Compagnie.

J'avois avancé 1° que la Compagnie avoit toujours vu décroître fes capitaux depuis fon établiffement. 2° Qu'elle n'avoit aucune efpérance fondée d'empêcher leur dégradation dans la fuite, fur-tout conféquemment à fa fituation actuelle dans l'Inde & à la poffibilité d'une guerre. 3° Qu'elle ne pouvoit trouver par elle-même, & indépendamment du Roi, qui a fait connoître que fon intention n'étoit pas d'accorder de nouveaux fecours à la Compagnie, qu'elle ne pouvoit, dis-je, trouver les reffources qui lui font néceffaires pour la continuation de fon commerce. 4° Que le Roi a dépenfé pour le foutien de la Compagnie, dans l'efpace d'environ quarante années, près de 400 millions, fans compter les frais de la derniere guerre, évalués à 85 millions, & qu'une dépenfe auffi confidérable étoit une objection terrible contre l'utilité du commerce de la Compagnie & la prétendue néceffité de le foutenir. 5° Que le commerce particulier pouvoit remplacer celui de la Compagnie, tant en Chine que dans l'Inde, proprement dite. 6° Que la liberté du commerce rendroit floriffantes les deux Colonies des Ifles de France & de Bourbon, demeurées jufqu'à préfent foibles & languiffantes fous l'adminiftration de la Compagnie, &c.

De ces fix queftions, les deux dernieres font générales, de fpéculation & de théorie. Il y a long-tems qu'on les débat, on pourra les débattre long-tems encore, & l'événement feul les décidera entiérement. Mais il n'en eft pas de même des quatre premieres, elles font particulieres, relatives à la Compagnie actuelle & à fon état actuel. De leur décifion devoit réfulter une conféquence pratique à exécuter tout à l'heure, & la néceffité étoit urgente de les traiter & de les décider actuellement.

En apprenant que vous répondiez à mon Mémoire, fans imaginer ce que vous pouviez oppofer à mes raifons, je penfois qu'au moins vous combattriez mes affertions fur ces points, les feuls qui intéreffent véritablement les Actionnaires & la Compagnie. Mon attente a été trompée. Je ne trouve pas qu'en aucun endroit de votre Réponfe, vous ayiez attaqué les preuves, & fur-tout les états & les calculs fur lefquels j'ai fondé mes principales affertions, ni même que vous y oppofiez des affertions contraires.

Vous annoncez dans votre Réponfe des propofitions que vous foutenez *avec la perfuafion la plus intime*, & dont vous entreprenez de *démontrer l'inconteftable vérité*. Mais ces propofitions ne font pas, ni que la Compagnie foit en état de reprendre & de foutenir le commerce, ni qu'il foit de l'intérêt des Actionnaires qu'elle le continue; de forte que vous ne montrez de l'affurance que fur des queftions incidentes, & que vous vous taifez fur le point effentiel.

Il vous étoit bien facile, fi vous euffiez été fondé en raifon, de renverfer tout d'un coup mon Mémoire; vous n'aviez qu'à dire: je fuis *intimement perfuadé*, & je *démontre avec la plus inconteftable vérité*, qu'il eft de l'intérêt des Actionnaires de continuer le commerce, qu'ils le foutiendront avec avantage, & que leurs capitaux ne continueront pas de fe détériorer, même en cas de guerre; que la Compagnie n'a befoin que de tant de millions pour fatisfaire à fes engagemens & aux befoins de fon commerce, & qu'elle a tel & tel moyen de fe procurer cette fomme. Vous n'aviez, dis-je, qu'à procéder ainfi, & fi vos raifons euffent été folides, la queftion eût été traitée entre vous & moi, & le combat terminé à votre avantage.

Si l'on doutoit encore de ce que j'avance ici, que vous n'avez pas traité les principales queftions dont il s'agiffoit entre nous, j'en donnerois une preuve fans replique; c'eft une analyfe exacte & complette de votre Mémoire. Que renferme-t-il en effet? Le voici d'après un extrait fidele.

Des reproches fur mes procédés, p. 1 & 5. Une défenfe courte & vague des Priviléges exclufifs, p. 6. Une apologie de Louis XIV & de fon Confeil dans l'établiffement de la Compagnie, contre ceux qui diroient qu'*il a été l'ouvrage de la cupidité*, ce que je n'ai point dit & n'ai jamais eu intention de dire, p. 7 & 8. Une critique de la maniere dont j'ai évalué le produit des ventes de la Compagnie, étrangere aux quatre premieres queftions énoncées ci-deffus, p. 9 & 10. Un détail des objets des dépenfes qui ont confumé les fonds des Actionnaires & les profits de leur commerce: détail qui n'empêche pas que les fonds & les profits n'ayent été confommés, p. 11 & 12. Une énumération des grandes chofes qu'a faites la Compagnie, encore étrangere aux principales queftions. Une difcuffion des droits des Actionnaires à la continuation des graces du Roi, droits qui pourroient être encore beaucoup plus grands, fans qu'il fût vrai, ni qu'il eft de l'intérêt des Actionnaires de continuer le commerce, ni qu'ils le puiffent, p. 14 & 15. Des preuves prétendues que tout ce que le Roi a donné à la Compagnie, il le lui devoit; ce qui ne donne pas aux Actionnaires ni des raisons ni des moyens de continuer l'exploitation de leur Privilége, p. 16 & 25. Une assertion sans preuve que j'ai eu tort de réduire, sur l'état du bien qui reste aux Actionnaires, une somme d'environ quatre millions, p. 16 & 27. Un reproche de partialité sur l'évaluation que je donne des profits du commerce, p. 27. Une observation qui a pour objet de prouver que j'aurois dû dire que les dépenses de souveraineté avoient consumé une partie des profits du commerce p. 28. Une autre remarque sur la forme plus utile qu'auroit pu avoir la Compagnie, si on n'y eut pas éteint l'esprit de propriété, par la nature de l'action & par celle de l'administration, p. 29 & 30. Une preuve des grands bénéfices de la Compagnie tirée de mon propre aveu, d'après lequel une somme de 28,445,000 livres pour une expédition, donne onze pour cent par an, p. 31. Un reproche de n'avoir pas fait mention d'une circonstance dont *vous avez oui parler*, p. 31. Une instruction sur un fait relatif à des lettres de change sur l'Inde que j'avois, dit-on ignoré, & sur lequel j'ai induit en erreur, pag. 31 & 32. Un autre reproche sur ce que je n'ai pas estimé les bénéfices du commerce sur l'époque de 1764 à 1769, pag. 33. Une assertion, que ce furent les députés des Actionnaires, & non les Actionnaires, qui solliciterent le Gouvernement de mettre les 80 livres de rente à l'abri des hazards du commerce, pag. 34. Une défense des Actionnaires sur ce que j'ai donné à entendre qu'ils ont demandé au Roi 30 millions, tandis que ce ne sont que leurs Administrateurs & Députés, pag. 34 & 35. Un aveu que les Actionnaires auroient pourtant demandé les mêmes secours qui seroient nécessaires au soutien du commerce particulier, pag. 35. Diverses questions que vous me proposés, *pourquoi la Compagnie ne trouveroit pas 33 millions? Pourquoi elle auroit besoin d'une hypothéque?* &c. pag. 36 & 37. Des éloges de l'Administration qu'on avoit voulu former en 1764, & d'après laquelle la Compagnie auroit fait des emprunts avec beaucoup de facilité, p. 37 & 38. Une réduction de l'intérêt du dernier emprunt que vous dites n'être qu'à 7 ¼, quoique je prétende qu'il est à près de 10 p. ⁰⁄₀, pag. 38. Une assurance que la Compagnie n'est pas *dans l'impuissance absolue* de fournir une hypothéque, pag. 39. Des réflexions générales sur la maniere dont les capitaux en argent s'appliquent aux entreprises de commerce, pag. 40. Des espérances que *si l'établissement de la Compagnie paroît important à l'Etat*, les 14 millions que le Roi lui doit *lui seront payés de la maniere qui conviendra le mieux au trésor Royal, mais en même tems qui évitera une perte sensible à la Compagnie*, pag. 41. Un détail de l'état florissant où la Compagnie a porté son commerce depuis 1764, pag. 41 & 42. Enfin une discussion sceptique sur la possibilité du commerce particulier dans l'Inde, où vous ne prononcez pas qu'il soit impossible, & où vous vous contentez de dire que je n'ai pas bien réfuté ceux qui prétendent le contraire, pag. 42 & 50. Tel est, Monsieur, l'extrait fidele de tout votre Mémoire. Je dis que les questions principales & vraiment intéressantes pour les Actionnaires & pour la Compagnie n'y sont pas discutées. Il me paroît que le Public éclairé & impartial en a jugé comme moi.

Quand je cherche pourquoi vous n'avez pas suivi cette marche, je n'en puis imaginer d'autre raison que l'impossibilité où vous vous êtes vu, de contester avec quelque vraisemblance les preuves sur lesquelles j'ai fondé ces mêmes assertions que vous n'attaquez point. Quelques personnes peu instruites ont affecté de répandre dans le Public que les calculs insérés dans mon Mémoire étoient inexacts, & l'on s'attendoit à les voir réfutés. C'est sur ces calculs que sont appuyées mes principales assertions. Vous ne contestez ni les assertions ni les preuves ; vous n'établissez point les propositions contraires ; n'ai-je pas droit de penser qu'à votre jugement même, il faut que les unes & les autres soient incontestables ?

Vous paroissez avoir senti qu'on pouvoit vous faire ce reproche, & vous vous excusez par une raison bien insuffisante à mon jugement. *Je n'ai pas eu*, dites vous, *l'orgueil de présumer que je pouvois instruire ; & si je puis suspendre l'opinion, j'aurai rempli parfaitement le seul but auquel il m'étoit permis d'aspirer.*

Je ne puis croire, Monsieur, à cette modestie, & le Public n'y croira pas plus que moi, Il n'y avoit point d'orgueil à vous de préfumer que vous pouviez inftruire. Vous en aviez le droit. La Compagnie vous avoit confié fa défenfe. Vous avez dans la plus grande étendue toutes les connoiffances poffibles & néceffaires pour décider les queftions dont il s'agit. Si vous euffiez prononcé, perfonne ne vous eut taxé *d'orgueil* & de trop de confiance en vos lumieres. J'en appelle fur cela au jugement du Public que vous connoiffez auffi bien que moi, & qui ne peut pas vous laiffer un moment dans la perfuafion que vous n'avez pas le droit de décider fur la queftion dont il s'agiffoit.

Non, Monfieur, fufpendre l'opinion n'étoit pas le feul but auquel vous deviez afpirer : le befoin étoit preffant de favoir fi on pouvoit continuer le commerce de l'Inde par le moyen de la Compagnie, ou lui rendre la liberté. Les Colonies de l'Ifle de France & de Bourbon, & les établiffemens de l'Inde ne peuvent être abandonnés à l'incertitude d'une décifion, lorfqu'on eft arrivé au milieu d'Août, c'eft-à-dire, au tems où les armemens doivent être déja commencés.

Il y a cinq mois que cette queftion s'agite, qu'on s'en occupe à la Compagnie, & que les efprits font tournés vers cet objet. Et vous parlez encore aujourd'hui de fufpendre l'opinion ? vous dites que vous n'aviez que cela à faire. Non, Monfieur, vous aviez à donner votre avis nettement fur les queftions que j'ai traitées, & fi vous ne l'avez pas fait, fi vous n'avez pas parlé avec affurance, c'eft fans doute que vous n'avez pas voulu vous compromettre, en avançant une chofe fur laquelle vous n'aviez aucune certitude.

Quoi qu'il en foit, cette omiffion de votre part me met bien à l'aife, pour répondre à votre critique. Comme elle laiffe fubfifter mes principales affertions, je ne puis plus avoir d'inquiétude fur la maniere dont j'ai traité le fond de la queftion. Je pourrai m'être trompé fur les détails, fur des queftions incidentes, fur la forme: mais puifque vous ne conteftez pas, ni que la Compagnie ait continuellement déterioré fes capitaux, ni qu'aujourd'hui même, ils foient réduits à 39 millions, non compris les fonds morts, ni qu'il lui en faille emprunter plus de 50 pour continuer fon commerce, ni qu'au cas d'une guerre

dans l'Inde, ses fonds ne fuſſent dans le plus grand danger ;
&c. Je puis regarder toutes ces aſſertions comme inconteſtables
par la raiſon même que vous ne les avez pas conteſtées, & par
conſéquent me rendre le témoignage d'avoir ſuffiſamment
prouvé les propoſitions principales que j'avois entrepris d'établir,
& les ſeules qui fuſſent véritablement intéreſſantes à examiner
& preſſantes à décider.

Si je ne mettois d'intérêt qu'au fond même de la queſtion, je
pourrois donc abſolument me diſpenſer de vous répondre ; mais
j'en mets à ce qu'on ne croie pas que je me ſuis trompé même
ſur les queſtions incidentes & ſur les détails ; j'en mets ſur-
tout à effacer les impreſſions défavorables qui ſe ſont élevées
contre moi, depuis la lecture de votre Mémoire. Enfin je me
propoſe de recueillir ici de nouvelles preuves des principes de
la liberté du commerce & des inconvéniens des Compagnies
excluſives. Ces motifs ſont bien ſuffiſans pour m'engager à
rentrer encore dans cette diſcuſſion.

J'aurois bien ſouhaité, dans une affaire générale & intéreſ-
ſante, n'être pas obligé de ramener quelquefois mes lecteurs
ſur moi-même ; mais vous m'y forcez par la forme que vous
avez donnée à vos obſervations. Vous fixez continuellement
les yeux des Actionnaires ſur l'Écrivain qui combat le Privilége ;
vous le leur repréſentez comme l'ennemi commun. Vous m'ac-
cuſez devant eux, d'avoir retardé la publication de mon
Mémoire juſqu'au moment où il ne leur reſtoit plus de tems
pour ſe défendre, d'avoir montré la *plus grande partialité dans*
*l'examen de leur droit, d'avoir introduit une inquiſition terrible ſur*
*leur propriété, de les avoir rendu odieux au Gouvernement, de*
*vouloir les faire priver du bien qui leur reſte, s'ils ſe refuſent à un*
*projet que je ne communique point,* &c.

Quoique ces imputations ſoient au fond étrangeres à l'état de
la queſtion, je ne puis me diſſimuler qu'elles ont donné à un
grand nombre d'Actionnaires des impreſſions défavorables contre moi. C'eſt l'effet que votre diſcours a produit à l'aſſemblée ;
je crois que vous n'en aviez pas eu le projet ; mais le fait
n'en eſt pas moins public & moins conſtant. Triſte expérience
& qui ſe répéte continuellement ; ce n'eſt preſque jamais im-
punément qu'on annonce une vérité de quelque importance.

*La*

*La vérité trop souvent est cruelle* pour ceux qui la disent, & les ennemis qu'ils se font, sont souvent ceux-là même à qui la connoissance de cette vérité apporteroit plus d'avantages.

Je rappelle les Actionnaires à l'examen de leur situation. Je mets sous leurs yeux les états donnés par leurs Députés eux-mêmes, états dont la plus grande partie d'entr'eux n'auroit jamais pris connoissance, si je ne les avois publiés. Je leur montre leur capital détérioré depuis leur premier établissement, les bénéfices immenses de leur commerce & les secours abondans qu'ils ont reçus du Gouvernement, absorbés par des dépenses, des guerres, des vices d'administration, &c. Je leur fais craindre pour la suite les effets funestes de ces mêmes causes qui subsistent dans toute leur force; je les invite à mettre en sûreté le reste de leur fortune, & à ne pas la commettre au hazard d'un commerce qui a toujours été accompagné de tant d'abus. Il semble que je puisse m'attendre à quelque reconnoissance de la part des gens que j'éclaire, ou au moins que je crois éclairer sur leurs véritables intérêts. Mon attente est trompée; je deviens un objet d'aversion pour une grande partie de ces mêmes hommes que je croyois servir, en même tems que je défendois la cause du commerce national & de la liberté.

Ces obstacles ne me détourneront cependant pas de la carriere; je continuerai d'étendre, autant qu'il me sera possible, la persuasion où je suis des avantages qui peuvent résulter de la destruction de tous les Priviléges & du rétablissement entier de la liberté du commerce; & tôt ou tard, aidée des intentions droites de plusieurs personnes en place, des lumieres de beaucoup de bons esprits qui travaillent à répandre ces mêmes vérités, & des connoissances déja familieres à un grand nombre de personnes de tous les ordres & de tous les états, la liberté s'établira sur les ruines des préjugés qui l'étouffent, & des intérêts particuliers qui la combattent. Je justifierai en particulier tout ce que j'ai dit des inconveniens du Privilége exclusif de la Compagnie, & je verrai s'effacer toutes les impressions défavorables qui se sont élevées contre moi-même, & contre la cause que je soutenois.

Ce sera sur-tout l'objet de ma réponse à vos observations

B

fur mon Mémoire. Eft-il nécéffaire que je vous prévienne., Monfieur, & que je protefte à mes Lecteurs, que mon intention n'eft pas & ne peut être de vous bleffer? Je ne veux ufer que du droit légitime de la défenfe de moi-même, & du droit que j'ai de foutenir une vérité que je crois auffi importante qu'inconteftable. Si dans le cours de cette difcuffion je me permettois quelque expreffion trop vive, & dont vous puiffiez vous plaindre, je vous prie de croire qu'elle me fera échappée contre mon intention, parce que je regarderois comme un très-grand malheur, que vous puffiez douter de mon eftime & de mon attachement pour vous.

J'obferverai d'abord que vous vous êtes écarté dans votre Réponfe de l'ordre que j'avois fuivi dans mon Mémoire, & qu'en cela vous rendez à nos Lecteurs la décifion plus difficile entre vous & moi.

Sans prétendre vous prefcrire la marche que vous deviez fuivre, la mienne étoit fi naturelle; les principales queftions y étoient énoncées d'une maniere fi claire, que vous auriez pu vous y conformer. Si vous aviez oppofé dans le même ordre vos réponfes à mes objections, & vos objections à mes preuves, le Public auroit plus facilement fuivi & comparé les unes & les autres, & auroit pu reconnoître le vrai avec plus d'affurance & de facilité.

Mais quoique vous n'ayez pas voulu marcher avec moi dans la route ouverte & droite que je m'étois faite, je vous fuivrai dans les fentiers où vous vous êtes écarté. Je parcourrai votre Réponfe, & je difcuterai toutes vos obfervations, même celles qui font étrangeres aux véritables queftions qu'il s'agiffoit de traiter.

Je commence, Monfieur, par les reproches que vous me faites, fur ce que vous appellez *mes procédés*.

A vous entendre, il femble que j'aie exprès attendu les derniers momens pour rendre public mon Mémoire fur la Compagnie, après l'avoir communiqué auparavant aux Miniftres du Roi, & que j'en ai retardé la publication jufqu'au moment, où il ne reftoit plus aux Actionnaires *affez de tems* pour fe défendre.

Je ne puis oppofer à cette imputation qu'un fait qui la

détruit abfolument. J'ai mis la plus grande célérité poſſible à compoſer & à faire imprimer mon Ouvrage ; & il n'a été achevé d'imprimer que la veille du jour auquel il a été rendu public.

A la vérité, durant le cours de l'impreſſion, le Miniſtre ayant demandé qu'on lui communiquât ce qui étoit déja fait, je lui ai envoyé les huit ou dix premieres feuilles. Mais je demande ſi c'eſt-là de quoi vous autoriſer à dire que j'ai communiqué mon Mémoire aux Miniſtres du Roi *aſſez à tems* pour les décider, & que je ne l'ai répandu dans le public, que lorſqu'il ne reſtoit plus aux Actionnaires *aſſez de tems* pour ſe défendre. Ces huit ou dix feuilles n'étoient pas mon Mémoire qui en a plus de trente. Elles ne contenoient que l'hiſtoire des Compagnies pour le commerce de l'Inde juſqu'en 1725, & les états de ſituation déja connus du Miniſtre. Enfin le Miniſtre avoit ſans doute le droit de les demander ; il eſt donc injuſte de voir en cela aucun procédé répréhenſible de ma part.

Votre ſeconde remarque ſur mes procédés eſt, *que je me ſuis procuré, ſans le conſentement des Députés des Actionnaires, les états de ſituation de la Compagnie & que je les ai fait imprimer avec des notes critiques, que je n'ai point ſoumiſes au jugement des perſonnes qui pouvoient les diſcuter.*

Ma réponſe à ce reproche ſera encore ſimple & déciſive. Vous ſavez vous-même, non pas *comment je me ſuis procuré* les états de ſituation, mais comment ils me ſont parvenus ; vous ſavez que ce n'eſt pas par des voies cachées ; les perſonnes qui me les ont remis, avoient ſans doute le droit de me les communiquer. Je ne comprens donc pas quel reproche vous pouvez me faire à ce ſujet.

Je n'entends pas non plus quelles ſont ces perſonnes au jugement deſquelles je devois ſoumettre mes obſervations ſur ces états. Mon Juge naturel étoit le Public ; c'étoit lui qui devoit décider en premiere inſtance la queſtion qui s'agite entre vous & moi ; c'eſt ſous ſes yeux que devoient être miſes les pieces du procès. Quelle prévention ne donnez-vous pas contre votre cauſe, en me blâmant de l'avoir portée au tribunal le plus éclairé & le plus impartial qui pût en connoître ?

Les raisons que vous alléguez pour blâmer l'impreſſion des états de ſituation, ſont bien étranges. *Les Propriétaires*, dites-vous, *ne doivent-ils pas entendre les premiers ce qui intéreſſe leur propriété ?* A la bonne heure ; mais les Actionnaires ne forment point un corps conſtant dont les membres ſoient connus. On ne peut les inſtruire tous qu'en inſtruiſant le Public, c'eſt-à-dire, par la voie de l'impreſſion ; il leur étoit impoſſible d'acquérir cette connoiſſance par des lectures rapides, faites dans des aſſemblées nombreuſes, où l'attention eſt néceſſairement fort affoiblie & incapable de ſaiſir des calculs compliqués. Auſſi un des principaux motifs que j'ai eu en publiant mon Mémoire, & en particulier les états de ſituation de la Compagnie, a été d'éclairer les Actionnaires. J'ai énoncé ce motif : j'ai dit que juſqu'à préſent ils avoient ignoré leur véritable ſituation. M. de Gournay diſoit déja en 1755 *que jamais on ne leur avoit parlé vrai ſur leur état.* Ils étoient encore à cet égard comme en 1755 ; j'imprime, & on me reproche de n'avoir pas attendu que les Actionnaires fuſſent inſtruits les premiers d'une choſe qu'ils auroient toujours dû ſavoir, & qu'ils devroient toujours avoir préſente à l'eſprit. Ce reproche eſt-il bien juſte ? Ne peut-il pas faire penſer qu'on n'a jamais voulu bien ſérieuſement inſtruire les Actionnaires, qu'il étoit pourtant ſi néceſſaire d'éclairer ? Sans mon Mémoire, il n'y auroit pas encore, au moment où j'écris, dix Actionnaires de ceux qui ne ſont pas dans l'adminiſtration, qui connuſſent le véritable état de leur capital. J'ai donc plutôt droit à la reconnoiſſance des Actionnaires, que je ne puis mériter leurs reproches, pour avoir imprimé les états de ſituation.

Mais je vais plus loin, & je dis qu'outre les Actionnaires, il y avoit d'autres propriétaires dont la propriété eſt intéreſſée à la ſituation des affaires de la Compagnie, & qui avoient droit à en être inſtruits auſſi-tôt que les Actionnaires.

Ces Propriétaires ſont, 1º toute la partie du public, qui n'étant pas actuellement Actionnaire, peut le devenir d'un moment à l'autre, en acquérant des actions. Vous ne nierez pas ſans doute, qu'il importe à tous ceux qui peuvent à tous momens s'intéreſſer dans une entrepriſe de commerce, d'en connoître le capital, les profits à eſpérer & les pertes à craindre; ce font là des Propriétaires qu'il falloit inftruire auffi.

De quelle utilité pourroit donc être le miftére en ceci? Qu'une Compagnie commerçante cache l'objet d'une expédition, un achat d'une efpece de marchandife en un tel tems & en un tel lieu; en un mot, une opération de commerce, cela eft raifonnable, cela s'entend. Le fecret eft fouvent néceffaire au fuccès. Mais qu'elle écarte, autant qu'elle peut, les yeux du du public de l'état de fes capitaux, qu'elle ne le montre pas avec la plus grande clarté à tous ceux qui font intéreffés à le connoître; c'eft ce me femble une chofe contraire à l'efprit de droiture & de juftice, qui doit préfider à toutes fes démarches.

Le jugement que j'en porte ici, eft appuyé fur un raifonnement fans replique. La Compagnie gagne ou perd, fes bénéfices croiffent ou diminuent, fes capitaux augmentent ou dépériffent. Dans le premier cas, qu'a-t-elle à craindre, en faifant connoître fa fituation? Elle ne peut qu'augmenter fon crédit & acquérir une plus grande confiance. Dans le fecond, elle fe donne un crédit faux & mal fondé; elle trompe fes intéreffés actuels & ceux qui voudroient l'être; elle conferve une confiance qu'elle ne mérite plus, & à laquelle il eft de fon devoir de renoncer, lorfqu'elle ceffe de la mériter. Elle ne doit donc, en aucun cas, cacher fa fituation.

2° Il y a encore une autre partie du public qui avoit le droit le plus inconteftable à être inftruit de la fituation de la Compagnie; & ce font tous les Négocians qui peuvent faire le commerce de l'Inde, & tous les Capitaliftes qui peuvent y mettre des fonds. En effet, ils font tous propriétaires, & propriétaires réclamant une propriété contre la Compagnie, c'eft-à-dire, la liberté du commerce de l'Inde. La fituation paffée & actuelle de la Compagnie, intéreffe très-directement & très-fortement cette propriété de la nation; parce que c'eft de cette connoiffance que dépend le jugement qu'on peut porter de la maniere utile ou à charge à la nation, dont la Compagnie a exploité fon Privilége exclufif, qui eft lui-même une atteinte légale. fi l'on veut, mais toujours une atteinte à la liberté générale.

Voilà donc un grand nombre de Propriétaires qui ont autant

de droit que les Actionnaires à entendre ce qui intéresse leur propriété. Quand je n'aurois parlé qu'à eux, n'en avois-je pas le droit d'après votre propre maxime? Mais j'ai parlé également & au Public & aux Actionnaires. Les uns & les autres peuvent trouver dans mon Mémoire la connoissance de la situation de la Compagnie; ils sont tous instruits en même tems. Les reproches que vous me faites, Monsieur, d'avoir rendu publics les états de situation de la Compagnie, ne sont donc pas justes, & je crois encore qu'en cela, *mes procédés* peuvent être approuvés des personnes les plus délicates en procédés.

Cependant, Monsieur, vous appuyez vos reproches d'une nouvelle raison. J'ai, dites-vous, discuté la situation & les droits des Actionnaires, *sans mandat & sans commission de leur part, sans être ni leur Associé ni leur Créancier* ; & vous me demandez *s'ils avoient remis leur cause entre mes mains.*

J'ai plus d'une réponse à ces objections.

La premiere est que je suis avoué du Ministre du Roi, & qu'à ce titre seul j'étois en droit de discuter la situation & les droits des Actionnaires.

A la vérité, cet aveu, Monsieur, n'est pas une approbation de tous mes principes & de tous les raisonnemens par lesquels j'ai tâché de les appuyer. Si j'ai laissé échapper des paralogismes, ou porté les principes de la liberté trop loin, ou attaqué sans assez de fondement les droits des Actionnaires; en tout cela, je ne serai certainement pas approuvé. Je n'ai pas été chargé d'énoncer les idées de personne, mais les miennes; idées que j'ai exposées souvent dans des écrits publics, & que tous ceux, avec qui je suis en quelque liaison, me connoissent depuis long-tems. Mais la simple permission de les exposer me suffisoit, je l'ai eue. J'avois donc droit de traiter la question.

Vous me demandez de quel droit j'ai discuté la situation de la Compagnie & les effets de son Privilége. Tout le monde vous répondra pour moi & comme moi. J'ai discuté cette question par le droit que tout Citoyen a, de dire son opinion sur une matiere qui intéresse l'Etat, & sur un établissement qui peut avoir tant d'influence sur les affaires publiques. Je l'ai examinée par le droit qu'ont tous les Négocians du Royaume, de réclamer la liberté du commerce qu'on leur a ôtée, par le droit qu'ont les Propriétaires de terre, les Agriculteurs du Royaume, de se plaindre lorsqu'on charge leurs terres d'impôts, pour fournir annuellement plusieurs millions pour soutenir entre les mains d'une Compagnie exclusive, le commerce des mousselines & du caffé. Connoissez-vous, Monsieur, des droits plus respectables? Un mandat & une commission des Actionnaires le seroient-ils autant?

Mais dans quelle Jurisprudence avez vous trouvé, Monsieur, que pour plaider une cause, il fallût avoir l'aveu de la partie adverse. Je m'annonce comme voulant combattre le Privilége exclusif, & vous prétendez qu'il me falloit un mandat & une commission de la Compagnie; la loi que vous me prescrivez, est vraiment nouvelle. C'est comme si on opposoit à un homme qui écriroit contre les abus de l'administration des finances, dans certains États politiques, qu'il n'est ni Employé de la Ferme, ni Fermier général. Je crois bien en effet, qu'à ne vouloir laisser traiter cette question qu'à certains Actionnaires (je dis certains, car je suis bien éloigné de croire de tous ce que je dis ici) je crois bien, dis-je, que la Compagnie sera le plus bel établissement du monde : l'Etat n'aura rien de mieux à faire que de le soutenir aux dépens du revenu public. Mais en bonne foi, sont-ce ces Actionnaires qu'il faut prendre pour Juges? Peut-on le dire? Peut-on le penser? Et si un Citoyen obscur, mais désintéressé, éleve sa voix avec des intentions droites & quelque zéle pour le bien public, pourra-t-on lui opposer qu'il n'est ni Actionnaire, ni Mandataire des Actionnaires.

C'est au contraire précisément parce que je ne suis pas Actionnaire, c'est-à-dire, intéressé à la chose, que j'en suis plus propre à traiter la question. Si le désintéressement est la disposition préalable & nécessaire dans cet examen, je suis moins récusable que personne, & vous le seriez bien plus que moi. A la vérité, peut-être n'êtes-vous pas vous-même Actionnaire? Je crois même que si vous aviez eu quelque intérêt de cette espéce à la conservation de la Compagnie, vous n'auriez pas mis à beaucoup près autant de chaleur à la foutenir. Mais il y a un autre intérêt qui agit quelquefois fur les ames les plus honnêtes, qui peut écarter autant du chemin de la vérité, & qui me paroît avoir influé très-fortement fur vos opinions. Vous avez été membre de l'adminiftration; vous jouiffez à la Compagnie de la confidération la plus grande & la mieux méritée; vous lui ayez rendu des fervices effentiels; vos confeils y font refpectés; voilà un intérêt, le feul auquel vous fuffiez acceffible, qui peut avoir agi fur vous en fe cachant de vous-même.

Quant à moi, que me revient-il d'écrire contre le Privilége exclufif de la Compagnie? Je me fuis fait des ennemis d'un grand nombre d'Actionnaires, qui croyent fauffement avoir quelque intérêt à fa confervation; & quoique je puiffe me flatter d'avoir obtenu peut-être par cela même quelque eftime du Public défintéreffé, je connois affez les hommes pour favoir que ce n'eft pas là un dédommagement fuffifant. Je fais que jamais l'eftime & même ce fentiment vague de bienveillance, qu'on ofe appeller amitié, ne mettent autant d'activité à défendre, que la haine en met à attaquer.

J'avois prévu une partie au moins de ce déchaînement, & j'ai cru que des obftacles de cette nature ne devoient pas m'écarter du chemin que je crois être celui de la vérité. Mais puifque je m'attendois à ces dégoûts, j'étois donc bien défintéreffé, Monfieur, & à cet égard encore plus défintéreffé que vous.

Je n'ai pas même eu, en écrivant, le défir de me faire quelque réputation par la hardieffe avec laquelle j'attaquois un grand établiffement. Je puis en donner pour preuve le foin que j'ai pris d'imprimer, avec mon Mémoire fur la fituation actuelle de la Compagnie, les obfervations de feû M. de Gournay fur l'état où elle fe trouvoit en 1755. Une partie de ce que j'ai dit de la Compagnie n'eft que ce que ce Magiftrat Citoyen en avoit dit, il y a quatorze ans. J'aurois pu ne pas rapprocher mon travail du fien, & mes idées en auroient paru plus neuves à beaucoup de perfonnes qui ne font pas au courant des difcuffions de ce genre. Mais j'ai voulu aller droit au but; c'eft-à-dire, à la perfuafion, & j'ai cru que cette autorité feroit un argument très-puiffant contre le Privilége exclufif de la Compagnie.

pagnie. On a dit que mon Mémoire n'étoit que le commen-
taire du fien ; que je n'avois eu aucun mérite à plaider après
lui la même caufe, &c. C'eft au Public à décider fi ce jugement
eft équitable ; mais après tout, que m'importe le mérite de mon
travail, pourvu que j'aye dit la vérité, & que je l'aye perfua-
dée à quelques perfonnes qui la cherchent de bonne foi ?

Après cette apologie de ce que vous appellez mes procédés, & avant de répondre à vos obfervations, je crois devoir
repouffer une imputation générale que vous répétez en plufieurs endroits. Vous me repréfentez conftamment comme attaquant *les Actionnaires*, comme m'en prenant à eux & à
chacun d'eux en particulier des torts que je reproche à la Compagnie. Je *menace les Actionnaires*, j'*accufe les Actionnaires*, je
*reproche aux Actionnaires*, &c.

Cette tournure, Monfieur, eft-elle conforme à la juftice
& à la vérité ? Suis-je donc l'ennemi des Actionnaires, & un
ennemi fi cruel & fi acharné ?

Une feule obfervation fuffiroit pour me juftifier contre cette
imputation. C'eft que dans tous les endroits de mon Mémoire
où je m'élève contre le Privilége exclufif & fes fuites funeftes,
je ne parle jamais que de la Compagnie ou de fes Adminiftrateurs en général, fans employer le terme d'*Actionnaires*.

Cette différence n'eft pas fi légere qu'elle peut le paroître
au premier coup d'œil ; perfonne n'ignore, & vous établiffez
vous-même en plus d'un endroit, que la Compagnie, & fur-
tout fon Adminiftration, font bien diftinguées des Actionnaires.
C'eft même à l'Adminiftration de la Compagnie, dirigée par
les Commiffaires du Roi, que vous attribuez toutes les fautes
& tous les malheurs qu'ont effuyés les Actionnaires. Les demandes indifcrétes faites au Gouvernement, les dépenfes exceffives dans lefquelles l'Etat s'eft engagé pour le foutien du
commerce exclufif de l'Inde, font bien auffi, felon moi, l'ouvrage de l'Adminiftration de la Compagnie. Mais puifque j'ai
diftingué comme vous l'Adminiftration des Actionnaires, comment ai-je infulté les Actionnaires ?

Non, je n'ai ni infulté, ni voulu infulter les Actionnaires.
Ce projet eût été auffi injufte qu'infenfé. Les Actionnaires n'ont

C

rien fait que par l'Administration de la Compagnie, c'est cette Administration, ou autrement la Compagnie, qui a *demandé des faveurs importunes à la Société*, *qui a soutenu un Privilége contraire à l'utilité publique*, *qui a laissé dépérir entre ses mains des capitaux immenses*, *qui s'est abandonnée à des projets ruineux*, *qui s'est fait illusion sur ses pertes continuelles*, *& qui a entretenu les Actionnaires dans l'ignorance de leur véritable situation.*

Loin que je puisse être représenté avec quelque ombre de justice, comme attaquant les Actionnaires, je cherche au contraire à mettre leur fortune en sûreté, en les dissuadant de continuer un commerce qui les a toujours ruinés, & les ruineroit encore. Quel crime peut-on me faire de leur avoir voulu prouver que leur situation ne leur permet pas de continuer le commerce? Mes calculs vrais ou faux ne leur ôtent pas un écu de leur capital. Si j'ai dissipé l'illusion dans laquelle ils étoient, je ne suis pas plus coupable que le Médecin qui guérit ce Citoyen d'Athenes qui se croioit le maître de tous les vaisseaux du Pirée. Si les Actionnaires me disent : rendez-nous nos vaisseaux, nos richesses, &c. je puis leur répondre : reprenez, si vous pouvez, votre aveuglement, & vous redeviendrez aussi riches que vous l'étiez avant que je vous eusse ouvert les yeux.

*Je dépeins*, dites-vous, *les Actionnaires comme des Citoyens avides qui ont continuellement demandé ce qui ne leur étoit pas dû. Je représente la Compagnie comme une Société odieuse*, *&c.*

Je vous demande à vous-même justice contre cette maniere de rendre mes sentimens. Je n'ai employé, en aucun endroit de mon Mémoire, ni ces expressions ni de semblables contre les Actionnaires, ou la Compagnie. J'ai dit, en parlant du Mémoire présenté au Roi par la Compagnie en 1747, qu'il peut servir de preuve *du peu de modération des Compagnies exclusives dans leurs demandes au Gouvernement.* Cette expression n'a rien d'insultant, & celles que vous me prêtez, ou dont vous me prêtez l'équivalent, sont injurieuses. Je n'ai dit en aucun endroit que les Actionnaires étoient des Citoyens avides. Ce seroit indiquer les Actionnaires comme particuliers, comme Citoyens, & je ne les ai jamais considérés que comme réunis; parce que ce n'est que comme réunis qu'ils

ont demandé au Gouvernement ce qui ne leur étoit pas dû.
Qu'y a-t-il d'infultant à dire que la Compagnie a demandé
au Roi en 1747, plus de 100 millions, & en a obtenu 80 qui
ne lui étoient pas dus. Je n'ai point dit que la Compagnie
étoit une *Société odieufe*, mais que le commerce national & libre méritoit la protection du Gouvernement à plus jufte titre
que celui d'une Compagnie exclufive. Si ces principes font
faux, il falloit les combattre par des preuves folides, & c'eft
ce que vous ne faites point; mais affurément mon but, en les
établiffant, n'étoit pas de repréfenter la Compagnie comme
une *Société odieufe*.

Il y a cependant des endroits dans lefquels je parois avoir
attaqué les Actionnaires eux-mêmes; c'eft lorfque j'ai difcuté
leurs droits. En effet, quoique les opérations foient de l'Adminiftration de la Compagnie, les droits font des particuliers, des Actionnaires. Or, 1° j'ai attaqué les droits des Actionnaires au Privilége exclufif. 2° J'ai introduit un Propriétaire
de terre conteftant aux Actionnaires leur droit à la continuation des quatre millions de rente qui leur ont été accordés
en 1747, dans la fuppofition où ils mettroient des obftacles à
l'établiffement du commerce particulier.

Voilà deux prétentions de ma part, qui ont pu prévenir
contre moi Meffieurs les Actionnaires. Voyons fi je fuis fi
coupable.

Sur l'article du Privilége exclufif, ma juftification n'eft pas
difficile.

Je refpecte autant qu'un autre les droits facrés de la propriété. Je crois que la propriété eft l'unique fondement fur
lequel on puiffe établir folidement l'édifice de la Société. J'ai
énoncé cette doctrine toutes les fois que j'en ai eu l'occafion.
Je ne défens même la liberté du commerce avec tant de chaleur, que parce que cette liberté elle-même eft une partie
précieufe de la propriété du citoyen. Mais autant je refpecte
les droits d'une propriété véritable, autant fuis-je porté à
contefter les titres de celle qu'on pourroit donner fauffement
comme telle, ou qu'on voudroit maintenir aux dépens de la
propriété plus facrée de tous les autres citoyens, & telle eft
la propriété d'un Privilége exclufif.

C ij

En effet, avec un peu de bonne foi & de connoiſſance des principes, peut-on regarder un Privilége excluſif comme une propriété ſacrée? Qu'eſt-ce qu'un Privilége excluſif? C'eſt une attribution à un petit nombre, par une loi particuliere, d'un genre de commerce appartenant à tous par le droit commun; c'eſt une défenſe faite par le Souverain à tous ſes ſujets d'exercer leur induſtrie, d'employer leurs capitaux à un genre d'entrepriſes réſervé à un petit nombre de Privilégiés. Avant le Privilége, tout citoyen avoit le droit d'employer ſes talens & ſes fonds comme il lui plaiſoit, pourvu qu'il ne nuiſit pas à un tiers. Ce droit étoit ſa propriété : en eſt-il de plus ſacrée? Quel reſpeĉt ſi grand peut donc mériter une propriété prétendue qui déroge à cette propriété originaire & commune, reconnue à l'établiſſement des Sociétés, & qui eſt cenſée avoir préſidé à leur formation? Avant 1664, ou ſi l'on veut avant 1604, époque de la création de la première Compagnie, le Négociant de Marſeille ou de Bordeaux avoient le droit de faire le commerce de l'Inde. On les en a dépouillés; ils en ſont demeurés privés pendant un ſiécle & demi; aujourd'hui qu'ils le reclament, les Privilégiés prétendent qu'on donne atteinte à leur propriété. Eſt-il juſte de reclamer les droits de la propriété, après les avoir fait violer en ſa faveur, & de crier au renverſement de l'ordre, parce qu'on tente de rétablir l'ordre primitif & naturel?

Mais il y a, dit-on, une autre propriété des Aĉtionnaires & de la Compagnie, à laquelle j'ai donné atteinte dans mon Mémoire, bien différente de celle qui porte ſur le Privilége excluſif, & qui eſt véritablement auſſi reſpeĉtable que toute autre eſpece de propriété. C'eſt celle du capital de 80 millions & de la rente qui y eſt attachée, accordée par le Roi à la Compagnie en 1747. Voilà le point ſur lequel on s'eſt récrié le plus fortement, & qui a ſuſcité à mon Mémoire le plus d'ennemis.

Je dois, par cette raiſon, le diſcuter avec plus d'étendue. Vous avez mis cette aſſertion en avant, en attendant que vous puſſiez la développer, & vos auditeurs excités par le motif puiſſant de la crainte de perdre leur propriété, en ont été mieux diſpoſés par là à recevoir vos obſervations: mais, par la même raiſon, je me hâterai de faire mon apologie ſur cet article important, & de me laver d'une imputation injuſte, établie ſur une expoſition peu exacte de mon ſentiment.

Avant d'entrer dans ma juſtification, j'ai une remarque très-importante à faire, & à laquelle je prie ceux qui veulent juger entre vous & moi, de faire la plus grande attention. C'eſt que l'accuſation que vous m'intentez, eſt étrangere à la queſtion. Je l'ai dit en pluſieurs endroits de mon Mémoire. Mon objet principal étoit de prouver que la Compagnie ne peut pas ſoutenir ſon commerce & l'exploitation de ſon Privilége excluſif. Joignez-y les aſſertions que j'ai établies; comme, que le capital de la Compagnie a éprouvé une détérioration continuelle depuis 1725, que la Compagnie a coûté à l'État en 40 ans près de 400 millions, que le commerce libre & particulier remplacera avec avantage celui de la Compagnie, &c. & trouvez le plus foible rapport, la moindre liaiſon entre le reproche que vous me faites & aucune de ces queſtions. Je puis avoir été très-injuſte envers les Actionnaires ſans qu'il s'enſuive, ni que la Compagnie n'a pas toujours détérioré ſon capital, ni qu'il ſoit de l'intérêt des Actionnaires de continuer le commerce, ni qu'ils ayent des moyens pour cela, ni en un mot que la Compagnie ſoit un établiſſement utile aux Actionnaires, ou conforme aux vrais principes de l'Adminiſtration. Un Juge éclairé & impartial n'en prononceroit pas moins contre la Compagnie, malgré l'injuſtice que j'aurois montrée envers elle. Oui, Monſieur, ſi j'avois retranché de mon Mémoire une réflexion qui en remplit environ deux pages, votre arme la plus puiſſante contre moi ſe ſeroit briſée dans vos mains; tandis que les principales aſſertions que j'ai établies, les ſeules vérités que j'avois à prouver, ſubſiſteroient dans toute leur force. L'accuſation que vous m'intentez n'eſt donc d'aucune importance, relativement aux grandes queſtions qu'il s'agiſſoit de traiter.

Mais elle a un autre défaut bien plus grand. C'eſt que mes aſſertions, rélativement à la propriété des Actionnaires, y ſont entiérement dénaturées, & infidélement rendues: & quoique ces infidélités n'aient certainement pas été volontaires de votre part, je ne puis cependant me dispenser de les relever & de m'en plaindre.

1° Selon vous, pag. 4, & vous le répétez, pag. 14, j'ai dit *que si les Actionnaires se refusent à un projet que je ne communique point, le Gouvernement pourra sans injustice les priver du bien qui leur reste, puisqu'ils ne le tiennent que de sa faveur.* Je vais prouver que c'est-là rendre mal mes sentimens dans un article très-délicat & très-essentiel.

Je remarque d'abord qu'aucune de ces expressions n'est de moi, & que priver les Actionnaires *du bien qui leur reste,* n'est pas une phrase qu'on puisse attribuer à celui qui ne l'a pas employée.

En second lieu, je suis parti d'après une supposition que vous écartez, quoique je l'aye clairement & formellement énoncée, & sans laquelle ma proposition prend un caractere odieux, qu'elle n'a plus lorsqu'on la voit telle que je l'ai donnée.

Cette supposition est que les Actionnaires refuseroient de se prêter à un arrangement que je crois nécessaire à l'établissement du commerce libre; arrangement qui ne leur est en aucune maniere onéreux, & qui n'est autre chose que la conservation d'une partie de l'Administration de la Compagnie, principalement dans l'Inde, pour y recevoir les Négocians particuliers.

C'est uniquement dans le cas où les Actionnaires *voudroient dissoudre sur le champ toute société entre eux,* p. 161, *s'opposeroient au projet de faciliter l'établissement du commerce de l'Inde, en détruisant tout de suite la partie du systême de la Compagnie, qui, sans être liée avec le Privilége exclusif, pourra ouvrir la route du commerce à la liberté,* p. 164. C'est, dis-je, dans cette supposition que je fais dire par un Propriétaire de terre, par un Citoyen, que l'Etat ne seroit plus obligé de continuer aux Actionnaires les graces qu'il leur a accordées, uniquement pour établir & pour favoriser le commerce de l'Inde.

Cette condition étant énoncée très-clairement, est-ce avec raison que vous m'accusez d'avoir dit, *que si les Actionnaires se refusent à un projet que je ne communique point, le Gouverne-*

*ment pourra fans injuftice les priver du bien qui leur refte?* Je n'ai
point de projet, Monfieur, ou ceux que j'ai, je les communique, lorfque je traite les objets auxquels ils font relatifs.
Mon feul projet, & que je ne cache pas, eft de défendre
& d'étendre, autant qu'il eft en moi, la liberté du commerce.
C'eft le feul que j'ai eu en écrivant: j'ai penfé que pour frayer
la route au commerce libre dans l'Inde, il falloit conferver
des Comptoirs, au moins dans les premieres années; mais fi
vous appellez cela un projet, au moins c'eft un projet que n'ai
point diffimulé. Je puis me tromper dans l'idée que j'ai de l'utilité de ce moyen, mais ce n'eft pas un moyen que j'aie caché;
ce n'eft donc pas un projet que je ne communique point.

Je me défends fur-tout de cette imputation, parce qu'elle
me donne une importance que je n'ai point. Je ne fuis qu'un
homme de Lettres, vivant dans la retraite, & abfolument
éloigné de toute Adminiftration. Je m'occupe, à la vérité, depuis
plus de quinze années de l'étude du commerce, & de l'économie
politique; mais je ne fuis point confulté, je ne l'ai point été
en particulier dans l'affaire de la Compagnie; j'ai écrit ce que je
penfois & tout ce que je penfois; je n'ai donc point eu de projet
à former ni à cacher.

1º Vous me prêtez, pag. 14, d'avoir dit que tout ce que
la Compagnie a reçu au-delà de trois millions par année, eft
une faveur du Souverain, contre laquelle il peut revenir,
*parce qu'il n'y a point de prefcription qu'on puiffe oppofer à
l'utilité publique.*

Le feul endroit où j'aye parlé *de l'utilité publique,* à laquelle
*on ne peut point oppofer de prefcription,* eft la pag. 146 de mon
Mémoire, 1re édition, où je rappelle les demandes de la
Compagnie en 1747. L'une de ces demandes eft *en indemnité*
de ce que le Roi avoit ôté à la Compagnie la vente exclusive
du Tabac, dont elle eut tiré, dit-elle, un profit bien plus
confidérable, ( que fept à huit millions ) fi elle l'eut exploitée
plus long-tems; raifon pour laquelle le Roi accorde à la Compagnie trente-un millions. Je dis à ce fujet que le Roi *ne devoit point d'indemnité* à la Compagnie pour rentrer dans une
partie auffi confidérable du revenu public, parce que cette
conceffion lézoit trop fortement l'intérêt public, contre lequel

*il n'y a pas de prescription, que cependant on pouvoit abuser de cette maxime, &c.* Je laisse au Public à juger si vous étiez en droit de raprocher ce que j'ai dit, pag. 146, à l'occasion de cette demande de la Compagnie, de ce que j'ai dit, à la p. 161, du droit des Actionnaires à la continuation des graces du Roi, dans la supposition qu'ils missent des obstacles au commerce de l'Inde par les Commerçans particuliers. Ce qu'il y a de sûr, c'est que ce rapprochement, je ne l'ai pas fait, & il me semble que vous ne deviez pas le faire.

3° L'exposition que vous faites de mes sentimens, est encore bien plus éloignée de la vérité, en ce que vous m'attribuez d'avoir soutenu que le Roi pouvoit répéter ce que la Compagnie a déjà *reçu* du Gouvernement ; d'avoir dit que le Souverain *peut revenir* contre ce que la Compagnie *a reçu depuis quarante-quatre ans ; d'avoir établi à la charge de la Compagnie une solde de* 376 *millions ; d'avoir* institué contre les Actionnaires *une recherche des fonds* qu'ils ont *reçus* du Roi & de la part du Roi, *une réclamation*, une demande *en restitution*, pages 14, 15, 16 de votre Mémoire.

Je conçois bien qu'en m'attribuant de pareilles opinions, vous avez pû faire croire que j'établissois une *inquisition rétroactive* sur les fortunes des Citoyens ; mais, Monsieur, votre accusation est destituée de tout fondement. Moi, Monsieur, j'aurois dit que le Roi peut demander aux Actionnaires ce qu'ils ont déjà *reçu*, les *rechercher*, les forcer de *solder* un compte, de *restituer*, &c. En quel endroit de mon Mémoire avez-vous vu cette étrange prétention ? Je défie qu'on m'y montre rien de semblable, rien qui puisse seulement fonder le soupçon d'une pareille idée.

J'ai introduit un Propriétaire de terre, un Citoyen contestant aux Actionnaires *la continuation* aux graces du Roi, dans la supposition qu'ils voulussent s'opposer à la continuation du commerce de l'Inde par les Particuliers. Mais contester la continuation d'une rente, ( quand je l'aurois contestée, ce que je n'ai pas fait ) n'est pas la même chose que répéter les arrérages échus & payés de cette même rente pendant quarante-quatre ans. Ce n'est pas faire une *recherche*, une *réclamation*, ce n'est pas exiger une *restitution* de ce qu'ont reçu les

Actionnaires ;

Actionnaires; comment avez-vous pû m'attribuer ces idées que je n'ai jamais eues; & que vous auriez sans doute évité de me prêter, si vous aviez senti combien elles devoient me nuire dans l'esprit des Actionnaires qui vous écoutoient?

Après cette discussion, voyons si ce que j'ai dit du droit des Actionnaires, est aussi odieux & aussi injuste que vos lecteurs ont pu le croire.

Est-ce attaquer la propriété *actuelle* des Actionnaires, que de dire que leur droit ne *seroit* plus si respectable, dans une supposition d'après laquelle on peut croire qu'en effet ils n'auroient plus le même droit. On dit continuellement à l'homme en Société, *si vous violez les loix, vous perdrez tout droit à la protection des loix,* On n'attaque pas pour cela son droit à la protection des loix & de la Société. Lorsque j'ai fait un traité, une convention, & qu'on me dit, *si vous n'exécutez pas tel article de votre convention qui est favorable à votre co-conventionnaire, vous perdrez tout droit à lui faire exécuter ceux qui sont en vôtre faveur;* on ne m'ôte pas pour cela le droit à faire exécuter la convention, si moi-même je ne la viole en aucun point.

Le seul cas où l'on donneroit vraiment atteinte à ma propriété en la faisant ainsi dépendre d'une condition, est celui où la condition prescrite seroit injuste & déraisonnable, ou bien encore celui où la condition exigée n'auroit jamais été stipulée ni sous-entendue. Mais la condition que le propriétaire de terre fait ici aux Actionnaires est juste, & si elle n'est pas stipulée en autant de termes, elle est clairement supposée & sous-entendue.

Il est évident que les 80 millions donnés en 1747, n'ont été accordés à la Compagnie, que pour établir & conserver à la Nation le commerce de l'Inde. J'ai supposé les comptoirs nécessaires à la conservation du commerce, en supprimant le Privilége exclusif, & le Roi se chargeant de l'entretien de ces mêmes comptoirs, qui par conséquent, ne seroit plus à la charge de la Compagnie; j'ai supposé encore qu'on demandoit d'elle, de ne pas s'opposer à cet arrangement qui ne lui est point onéreux, & qu'elle ne peut avoir aucune raison légitime de refuser. Les Actionnaires refusant *par la supposition* de conserver les

D

comptoirs, refuferoient donc d'exécuter une condition qui n'eft ni injufte ni déraifonnable, & qui a été fous-entendue au moment où le Roi leur a accordé des graces multipliées. Heureufes les Sociétés, fi les Gouvernemens n'avoient jamais eu de plus mauvaifes raifons à donner, lorfqu'ils ont manqué à des engagemens bien plus refpectables encore !

Il eft encore effentiel de remarquer ici, qu'en difcutant les droits des Actionnaires à la continuation des graces du Roi, toujours dans la fuppofition que les Actionnaires fe refuferoient à favorifer le commerce de l'Inde, je n'ai point oppofé l'homme d'Etat, le Gouvernement à l'Actionnaire; mais le Propriétaire de terre, où généralement le citoyen fe plaignant d'être obligé de continuer de payer fa part d'un impôt de plufieurs millions, établi pour favorifer le commerce de l'Inde, aux Actionnaires qui s'oppoferoient, autant qu'il eft en eux, à la continuation du commerce de l'Inde par les Négocians particuliers. Si l'on veut voir la chofe avec équité, on conviendra que la prétention de ce Propriétaire n'eft ni injufte, ni déraifonnable, & on ne me trouvera plus fi blâmable de l'avoir préfentée.

Eft-il donc fi atroce de faire dire à un Agriculteur du Li-moufin ou du Berry, qu'il eft injufte de lui faire payer à per-pétuité & à fes defcendans, tant que la Monarchie durera, fa part d'un roc de la taille du Royaume, pour continuer de faire une rente de plufieurs millions à des Citoyens riches & aifés, à qui on l'a donnée, il y a vingt ans, pour faire le commerce de l'Inde, & qui non-feulement ne le font plus, mais s'oppo-fent autant qu'il eft en eux à ce qu'on le faffe? Si un Action-naire fe plaint que c'eft-là attaquer fa propriété, le Proprié-taire & l'Agriculteur ne peuvent-ils pas dire, que l'impôt continuant, après la ceffation des raifons pour lefquelles il avoit été établi, on donne atteinte à la leur? Leur propriété n'eft-elle pas auffi facrée que celle de l'Actionnaire? Je l'avoue, je n'ai pu voir de fang froid l'Agriculteur & les Citoyens les plus mal aifés, chargés d'un impôt pefant, forcés à un travail plus grand, ou réduits à une fubfiftance plus modique pour foutenir un Privilége exclufif: & fi j'ai déplu par-là aux par-tifans de ce Privilége, au moins les perfonnes équitables &

sensibles rendront justice à l'honnêteté de mes motifs.

Assurément, si j'avois blessé les droits de la propriété, ce seroit bien contre mon intention; car pour cela, il faudroit que je me fusse mis en contradiction avec tous mes sentimens & mes principes. Je hais l'injustice autant que personne, & j'aime autant que personne les bonnes loix & la liberté : si j'ai donc blessé ce que j'aime & respecte, & combattu pour ce que je hais, j'aurai pu être aveugle ou mal-à-droit, mais non pas injuste & violent. Enfin, je dirai que lorsque j'ai paru disputer aux Actionnaires leur droit à la continuation des graces du Roi, mon but unique étoit de vaincre la résistance qu'ils pouvoient mettre à l'établissement du commerce libre. Cette intention est visible; & si l'on est de bonne foi, on conviendra qu'elle n'est point de contester aux Actionnaires leur propriété, mais plutôt de les engager à ne pas donner au Gouvernement une raison de la leur contester : il est clair que c'est-là l'unique effet que peut produire ce que j'ai dit.

Voilà mon apologie sur l'article qui m'a attiré le plus de contradiction. J'entrerai maintenant dans l'examen de votre réponse, en me conformant à l'ordre que vous lui avez donné, quoiqu'à vous dire le vrai, cet ordre me semble peu propre à conduire à la vérité.

Vous commencez par défendre la Compagnie, en disant que je l'attaque par des généralités, & comme vous ne pouvez pas nier, & que vous ne niez pas en effet ces principes que vous appellez des généralités, vous vous contentez de dire qu'ils sont susceptibles de quelques exceptions.

Convenez, Monsieur, que vous donnez là une raison qu'on a toujours employée, en défendant les Priviléges exclusifs les plus funestes à la Société. Y en a-t-il un seul qu'on ne s'efforce d'excepter de ce que vous appellez des générali-lités? Supposez, Monsieur, un Entrepreneur qui jouisse du Privilége le plus odieux & le plus contraire au bien public : il dira, comme vous, *que les principes de la liberté du commerce sont justes & vrais en général, mais néanmoins susceptibles de quelques exceptions : il dira, que si un Gouvernement juge qu'un établissement sera utile à l'Etat, & en même-tems que les commen-*

D. ij

cemens de l'entreprise seront coûteux, sa sagesse le portera à y concourir, & que si son trésor ne lui permet pas de fournir un secours d'argent, il y suppléra par un Privilége. Il dira, qu'un tel Privilége, loin de nuire à l'industrie, la provoque, puisqu'il excite un établissement qui n'auroit point eu lieu sans cela.

Ne trouvez-vous pas cette justification mauvaise? Que voulez-vous donc qu'on pense de la vôtre? Cette réflexion n'a pas besoin d'être développée avec plus d'étendue, & on voit assez qu'une apologie du Privilége de la Compagnie, constamment employée en faveur des Priviléges les plus contraires au bien général, ne peut pas servir bien utilement la cause que vous défendez.

Vous entreprenez ensuite de prouver deux propositions auxquelles vous dites vous même que vous allez réduire vos observations; la premiere, que la Compagnie des Indes a rendu les plus grands services à l'Etat; la seconde, que les Actionnaires ont fait des sacrifices immenses à la Nation.

On voit ici bien clairement ce que j'ai déjà remarqué que vous négligez absolument de discuter les véritables questions dont il s'agit entre nous; car tout ce que vous dites des services que la Compagnie a rendus à l'Etat, & des sacrifices que les Actionnaires lui ont faits, pourroit être vrai, sans qu'il s'ensuivit, ni qu'aujourd'hui, en 1769, il soit de l'intérêt des Actionnaires de continuer le commerce, ni qu'ils ayent des moyens pour cela.

A la vérité, j'ai moi-même établi les propositions contraires à celles que vous énoncez ici, & vous pouviez par conséquent les discuter aussi; mais il ne falloit pas en faire l'objet principal, ou plutôt unique des seules assertions positives qu'on trouve dans votre réponse. Je ne m'arrêterai pas plus long-temps sur cette réflexion, & je passerai aux démonstrations prétendues que vous donnez de ces deux assertions.

C'étoit, dites vous, une vieille croyance que la Compagnie des Indes avoit été utile à l'Etat... c'est cette considération qui détermina Louis XIV à lui accorder un Privilége exclusif... il écrivit cent dix-neuf lettres dans les principales Villes du Royaume. Il tint dans son Palais la premiere Assemblée. Il ne dédaigna pas d'y pa *roître, & l'on trouve les noms des plus illustres Maisons de France au nombre des Actionnaires de la Compagnie, &c.*

Entre nous, Monsieur, vous voyez bien que cette raison n'est bonne qu'à être dite en public, & qu'elle ne peut pas soutenir l'examen. Louis XIV & Colbert peuvent s'être trompés dans un tems où les principes du commerce étoient moins bien connus qu'ils ne le sont de nos jours. Louis XIV & Colbert rendroient aujourd'hui la liberté au commerce de l'Inde. L'homme qui aime la vérité, mais qui sait avec quelle peine on la découvre, & que c'est souvent par ses erreurs même que l'esprit humain parvient à s'en approcher, comprendra qu'on a pu, il y a un siécle, regarder comme utile un établissement dont l'expérience & la raison plus éclairée démontrent aujourd'hui les vices & l'inutilité. Les fautes de ces hommes estimables qui se sont laissé entraîner aux opinions de leur tems, ne diminueront pas leur gloire & le prix de leurs travaux.

Mais si l'on vouloit décider de pareilles questions par l'autorité, vous n'ignorez pas, Monsieur, qu'il y en a de très-respectables aussi & de très-anciennes qui sont bien opposées aux Priviléges exclusifs en général, & à celui de la Compagnie des Indes en particulier. Permettez que je vous en rappelle ici quelques unes:

L'Assemblée des Notables de Rouen, tenue en 1617, demanda *que les voyages au-delà de la ligne ne fussent point empêchés aux particuliers; & que Sa Majesté gratifia le plus qu'elle pourroit ceux qui se présenteroient pour former des Compagnies pour lesdits voyages de long cours, sans en priver ses autres sujets. Recherches sur les finances par M. de Forbonais.*

Les Etats de Bretagne en 1628 supplierent Sa Majesté de ne point accorder de Privilége exclusif à la Compagnie du Morbihan qui n'en obtint pas en effet. *Ibid.*

Le Pensionnaire Jean de Wit, que j'ai déja cité dans mon Mémoire, est si convaincu que les Compagnies sont nuisibles au bien du commerce, qu'il étend ce principe jusqu'à un commerce dont les Hollandois sont seuls en possession, celui des

épiceries. Le commerce des épiceries, dit-il, pag. 24 de ſes
« Mémoires, ſeroit bien plus conſidérable, ſi les Commerçans,
» en vertu de leur octroi, n'empêchoient pas tous les autres
» habitans de commercer dans ces pays, &c.

» La proſpérité particuliere des Compagnies, dit-il ailleurs,
» eſt contraire aux intérêts publics, car il eſt certain qu'elles
» ne cherchent que l'intérêt des participans, en achetant mê-
» me des Manufactures étrangeres, ſi elles y trouvent plus de
» gain, & font apporter des Manufactures des autres pays
» qu'elles font vendre par toute l'Europe au déſavantage de
» nos propres habitans, & ne cherchent qu'à faire un gros
» gain avec un petit trafic : car ſi elles pouvoient augmenter
» les marchandiſes à tel point qu'elles puſſent autant gagner
» ſur cent tonneaux de charge que ſur mille, elles ne s'em-
» barraſſeroient pas d'en augmenter le commerce & la naviga-
» tion ; elles aimeroient mieux faire brûler dans les Indes le
» reſte des ſoies crues, & le ſurplus des étoffes & des épiceries,
» que de les apporter en Hollande pour les tenir dans la
» cherté.

» L'on ne peut encore diſconvenir que plus ces Compa-
» gnies augmentent leurs conquêtes, plus elles ſeront obligées
» à faire des dépenſes pour les garder ; & plus elles auront à
» gouverner, moins elles auront de tems pour ſoigner à l'aug-
» mentation du commerce ; où au contraire, cela facilite-
» roit le commerce des particuliers.

Enfin il déſaprouve la réſolution que prirent de ſon tems
les Etats Généraux de prolonger pour vingt-un ans le Privilége
de la Compagnie des Indes, quoiqu'elle eut alors les plus grands
établiſſemens, & qu'elle fût ſans contredit la plus puiſſante de
l'Europe. Mais ce bon Patriote comptoit pour peu de choſe
les richeſſes & la puiſſance qu'acquéroit un corps particulier au
préjudice de l'induſtrie & de la liberté publique.

A l'autorité de Jean de Wit on peut joindre celle de pluſieurs Auteurs Anglois qui ont blâmé l'établiſſement de leurs
Compagnies de commerce. Deker, Auteur d'un Ouvrage eſti-
mé, intitulé *Du déclin du commerce de la Grande-Bretagne*; John
Cary, célèbre Négociant de Briſtol, & une infinité d'écrivains

Anglois font de cet avis, & cette opinion avoit pris tant de
crédit en Angleterre dès le tems de Charles II, que plufieurs
perfonnes ont penfé que le Privilége de la Compagnie des
Indes auroit au moins été reftraint & réglé fur des principes
plus avantageux à la nation, fi les befoins de ce Prince &
l'offre que la Compagnie lui fit d'une groffe fomme, n'euffent
pas prévalu fur les autres confidérations.

J'ai entre les mains un plan de liberté du commerce de
l'Inde de M. Mefnager, Plénipotentiaire au Congrès d'Utrecht,
qui a laiffé la réputation d'un homme très-verfé dans les connoiffances du commerce, & qui penfe que l'unique moyen
d'affurer celui de l'Inde & de le rendre floriffant, eft de
le faire faire par tous les Négocians & dans tous les ports du
Royaume.

Je citerai encore, comme un fuffrage très-capable de faire
une grande impreffion, celui de feu M. de Gournay; & j'y fuis
d'autant plus autorifé, que je vois que le Public a rendu juftice
à la fageffe des vues & à la force des raifons qui paroiffent
dans le morceau que j'ai fait imprimer de lui, à la fin du *Mé-*
*moire, fur la fituation actuelle de la Compagnie.*

Qu'il me foit permis d'ajouter ici le témoignage d'un homme célebre, qui n'a pas fait des matieres économiques l'objet
particulier de fon attention, mais qui faifit avec fagacité, &
préfente avec énergie les vérités les plus importantes dans tous
les fujets qu'il traite.

» La Compagnie établie par Louis XIV, dit M. de Vol-
» taire, *fiécle de Louis XV, tom. IV, Chap. 29,* annéantie en
» 1712, renaiffante en 1720 dans Pondicheri, paroiffoit très-
» floriffante en 1748, elle avoit beaucoup de Vaiffeaux, de
» Commis, de Directeurs, & même des Canons & des Sol-
» dats; mais elle n'a jamais pû fournir le moindre dividende
» à fes Actionnaires, *du produit de fon commerce.* C'eft la feule
» Compagnie commerçante de l'Europe qui foit dans ce cas;
» & au fond fes Actionnaires & fes Créanciers n'ont jamais
» été payés que de la conceffion faite par le Roi d'une partie
» de la Ferme du tabac *abfolument étrangere à fon négoce.* Par
» cela même elle floriffoit à Pondichery : car l'argent de fes

» retours étoit employé à augmenter ses fonds, à fortifier
» la Ville, à l'embellir, à se ménager dans l'Inde des Alliés
» utiles. . . . . . . . . . . . . .
    » Enfin il n'est resté aux François dans cette partie du mon-
» de, que le regret d'avoir dépensé pendant plus de 40 ans des
» sommes immenses pour entretenir une Compagnie qui *n'a*
» *jamais fait le moindre profit*, qui *n'a jamais rien payé aux Ac-*
» *tionnaires & à ses Créanciers du produit de son commerce*, qui,
» dans son Administration Indienne, n'a subsisté que d'un se-
» cret brigandage, & qui n'a été soutenue que par une par-
» tie de la Ferme de tabac que le Roi lui accordoit; exem-
» ple mémorable & peut-être inutile, du peu d'intelligence que
» la Nation Françoise a eue jusqu'ici du grand & ruineux
» commerce de l'Inde. *Chap.* 35. ».

Vous voyez, Monsieur, par ce petit nombre de citations,
que j'aurois pu multiplier beaucoup davantage, que s'il étoit
question de citer des autorités, j'en aurois de très-fortes à
alléguer contre le Privilége exclusif de la Compagnie. Certainement, Monsieur, les Etats de la Nation assemblés sollici-
tant la révocation des Priviléges pour le commerce de l'Inde;
des Villes entieres réclamant la liberté; des Hommes d'Etat,
des Ecrivains instruits de toutes les Nations peuvent balancer
l'autorité de M. Colbert & de quelques personnes estimables
qui ont pensé comme lui. Laissons donc ces argumens vagues
& ces lieux communs à ceux qui respectent moins la raison que
les opinions des hommes, & donnez-moi d'autres preuves des
grands avantages que la Compagnie a procurés à l'Etat.

Mais vous citez l'autorité des Nations plus imposante sans
doute que celle de quelques particuliers, & vous dites *si un*
*Privilége exclusif étoit toujours une violation des droits de la socié-*
*té, comment les Nations de l'Europe les plus attachées à la liberté*
*auroient-elles confié l'exercice du commerce des Indes à des Compa-*
*gnies privilégiées ?*

Je réponds que c'est parce que dans toutes les nations de
l'Europe, il y a encore une infinité de loix par lesquelles les
droits de la Société sont violés. Qu'avez-vous à répliquer à cette
raison ? Est-il nécessaire que je cite à un homme éclairé

&

& inſtruit comme vous l'êtes, de mauvaiſes loix en Hollande & en Angleterre, des loix qui donnent atteinte à la propriété & à la liberté, pour vous faire convenir que celle qui attribue excluſivement le commerce de l'Inde à un petit nombre de Citoyens, a bien pu s'y établir, quoique contraire aux droits de la Société? Ne croyez-vous pas que les loix qui défendent la ſortie des eſpéces, que celles qui s'oppoſent à la diſtribution plus égale des richeſſes entre les Citoyens, que celles qui gênent le commerce des grains, que celles qui réduiſent le commerce de preſque toutes les productions de l'induſtrie en autant de monopoles; que les prohibitions de tous les genres des Métropoles envers les Colonies, &c. ne croiez-vous pas, dis-je, que toutes ces loix ſont autant de violations funeſtes des droits de la Société? Oui, Monſieur, vous le croiez, vous en êtes auſſi fortement convaincu que moi: pourquoi vous étonneriez-vous donc qu'il y eut en Hollande, en Angleterre & en France une loi de plus, ſemblable à cent autres dont vous connoiſſez les vices & les inconvéniens.

Je puis donner encore plus de force à cette réflexion, en l'appliquant à l'eſpéce même dont il s'agit, je veux dire à d'autres Priviléges excluſifs pour des commerces maritimes que vous regardez aſſurément vous-même comme autant de violations des droits de la Société, & qui ont été établis dans toutes les Nations de l'Europe. Vous convenez que les Compagnies excluſives pour le commerce de l'Amérique ſont contraires au bien de la Société & à la liberté. Eh, Monſieur, les Nations de l'Europe les plus attachées à la liberté en ont eues, & il en ſubſiſte encore de pareilles! Ne dites donc pas que les Nations de l'Europe n'auroient pas des Compagnies excluſives pour le commerce de l'Inde, ſi ce Privilége excluſif étoit une violation des droits de la Société; à moins que vous ne prétendiez que ce n'eſt que ſur le commerce qui ſe fait vers l'Eſt, que les Nations reſpectent néceſſairement les droits de la Société, quoiqu'elles les violent lorſqu'il eſt queſtion de naviguer & de commercer à l'Occident.

Oui, Monſieur, toutes les Nations de l'Europe ont eu des Compagnies excluſives, dont les Priviléges bleſſoient les droits

E

de la Société ; & ces établissemens funestes se sont détruits les uns après les autres, soit par les vices de leur constitution, soit par les progrès des lumieres. Plusieurs Compagnies élevées pour le commerce des Indes Orientales ont disparu, & celles qui existent aujourd'hui auront un jour le même sort, parce qu'on se convaincra que tous les Priviléges exclusifs sont des violations des droits de la Société, funestes à la Société.

Permettez-moi, Monsieur, de mettre sous vos yeux, à cette occasion, un tableau de la naissance & de la destruction successive de plus de soixante Compagnies à Privilége exclusif, pour des commerces maritimes, dont plusieurs pour le commerce de l'Inde, depuis le commencement du dernier siécle. Cette énumération pourra suffire pour faire sentir la foiblesse de l'argument que vous tirez de l'exemple de trois ou quatre Compagnies qui subsistent encore aujourd'hui.

# LISTE

*Des principales Compagnies de commerce maritime à Privilège exclusif, formées & tombées en Europe depuis le commencement du 17ᵉ siécle.*

## EN FRANCE.

I. Compagnie des Indes Orientales en 1604, incorporée à une nouvelle Compagnie en 1615, tombées toutes les deux en 1625.

II. Compagnie du Canada en 1620, tombée en 1627.

III. Compagnie de Morbihan en 1626, tombée peu après.

IV. Compagnie pour l'Isle de Saint-Christophe & Isles adjacentes, formée en 1626, tombée peu de tems après.

V. Compagnie du Bastion de France en 1628, tombée en 1633.

*N. B.* Depuis cette époque jusquen 1673, il se forma pour le Bastion de France plusieurs Compagnies, qui ne réussirent pas mieux que les premieres.

VI. Compagnie des Indes Occidentales, ou de la Nouvelle-France en 1628, tombée peu de tems après.

VII. Nouvelle Compagnie pour les Isles de l'Amérique en 1635, confirmée en 1642, tombée en 1651.

VIII. Compagnie des Indes Orientales, sous la conduite de Jean Ricaut, en 1642, tombée en 1663.

IX. Compagnie de la France Equinoxiale en 1651, tombée en 1653.

X. Compagnie de la Chine en 1660, réunie à la Compagnie des Indes en 1664.

XI. Compagnie des Indes en 1664, réunie à la Compagnie d'Occident en 1719.

XII. Seconde Compagnie des Indes Occidentales formée en 1664, tombée en 1673.

XIII. Compagnie du Nord en 1669, ne fait point ufage des Priviléges immenfes qui lui font accordés.

XIV. Compagnie du Levant en 1670, tombée en 1684.

*N. B.* Il s'étoit formé pour le Commerce du Levant plufieurs autres Compagnies, dont quelques-unes avoient obtenu des Lettres-Patentes, & qui toutes font tombées prefque au moment de leur naiffance.

XV. Nouvelle Compagnie du Baftion de France en 1673, tombée peu après.

XVI. Compagnie du Sénégal ou du Cap-Verd en 1673, tombée en 1679.

XVII. Nouvelle Compagnie de Sénégal en 1679, tombée vers 1708.

XVIII. Compagnie de l'Acadie en 1683, tombée en 1703.

XIX. Compagnie de la Louifiane en 1684, tombée vers 1690.

XX. Compagnie de Guinée en 1685, tombée en 1701.

XXI. Compagnie de la Chine en 1697, tombée pendant la guerre pour la fucceffion d'Efpagne.

XXII. Compagnie de la Louifiane en 1698, tombée en 1717.

XXIII. Compagnie de Saint-Domingue, en 1698, tombée en 1720.

XXIV. Compagnie de la Baye d'Hudfon vers 1701, tombée en 1713.

XXV. Compagnie de l'Affiente, ou de la Mer du Sud en 1701, tombée en 1713.

XXVI. Compagnie de Guinée en 1701, tombée en 1716.

XXVII. Troifiéme Compagnie du Sénégal vers 1708, tombée en 1717.

XXVIII. Compagnie de la Louifiane en 1712, tombée en 1717.

XXIX. Compagnie de la Chine, formée en 1713, ne fait aucun ufage de fon Privilége.

XXX. Compagnie des Indes en tant que privilégiée pour le commerce des Noirs, auquel elle eft obligée de renoncer en 1716.

XXXI. Compagnie d'Occident en 1717, unie à la Compagnie des Indes en 1719.

XXXII. Compagnie des Indes Orientales , en ce qui concerne ſes Priviléges pour la culture & le commerce des établiſſemens François de l'Amérique Septentrionale , auxquels Priviléges elle a été forcée de renoncer en 1731.

XXXIII. Compagnie des Indes en tant que privilégiée pour le commerce de la Côte de Barbarie , qu'elle abandonne en 1731.

## EN ESPAGNE.

XXXIV. Compagnie pour le commerce des Honduras créée en 1714 , tombée.

XXXV. Compagnie des Philippines en 1732 , tombée peu après.

XXXVI. Compagnie Royale pour le commerce de Saint-Domingue , &c. en 1755 , tombée.

XXXVII. Compagnie de Guipuſcoa en 1755 , tombée.

## EN ITALIE.

XXXVIII. Compagnie Genoiſe du Levant en 1664 , tombée en 1671.

XXXIX. Compagnie Genoiſe des Grilli.

## EN HOLLANDE.

XL. Compagnie du Nord en 1614 , tombée en 1645.

XLI. Compagnie des Indes Occidentales en 1621 , tombée en 1674.

XLII. Autre Compagnie du Nord établie en Zélande , réunie à la précédente en 1622 , & ſupprimée avec elle en 1645.

## EN ANGLETERRE.

XLIII. Compagnie de Turquie formée en 1605 , tombée en 1752.

XLIV. Compagnie Angloiſe de la Virginie en 1607 , tombée , après pluſieurs révolutions , en 1624.

XLV. Deux Compagnies formées en 1607 & 1608 , pour

l'établiffement de la Nouvelle Angleterre, tombées prefque à leur naiffance.

XLVI. Compagnie des Indes Orientales en 1608, tombée en 1698.

XLVII. Compagnie pour le commerce de Guinée, formée en 1618, tombée peu après par la concurrence des Négocians particuliers qui s'obftinerent à continuer ce commerce malgré le Privilége.

XLVIII. Compagnie de la Caroline en 1660, tombée en 1720.

XLIX. Compagnie des Canaries en 1665, tombée en 1667.

L. Compagnie d'Afrique en 1671, tombée en 1750.

LI. Compagnie Ecoffaife d'Afrique en 1699, tombée en 1700.

## EN DANNEMARCK.

LII. Compagnie des Indes Orientales en 1618, tombée en 1624.

LIII. Compagnie nouvelle des Indes Orientales en 1670, tombée en 1730.

LIV. Compagnie des Indes Occidentales en 1671, tombée.

LV. Autre Compagnie des Indes Occidentales en 1734, tombée en 1754.

Croyez-vous, Monfieur, que cette multitude d'exemples de Compagnies, dont un grand nombre a été établi pour le commerce même des Indes, & qui fe font fucceffivement détruites, ne foit pas un argument plus fort & plus décifif contre l'établiffement que vous défendez, que l'exemple de trois Compagnies qui fubfiftent encore? N'eft-ce pas là, Monfieur, un de ces grands faits qui prouvent, fans qu'on y ajoute de raifonnemens?

Cependant, comme cet exemple des nations étrangeres eft un des argumens qu'on emploie le plus fréquemment en faveur de la Compagnie des Indes, je m'étendrai un peu fur cet objet.

1° Le Privilége exclufif du commerce de l'Inde a toujours été regardé, même en Hollande, par beaucoup de Citoyens éclairés & vraiment patriotes, comme contraire aux droits de la propriété & de la liberté.

Un grand nombre de gens inftruits ont douté, fi même au hafard de perdre la poffeffion exclufive des épiceries, la liberté du commerce aux Indes, rendue à tous les fujets de la république, n'eût pas été plus avantageufe.

Nous avons cité plus haut le témoignage de Jean de Wit. Son opinion a toujours été & eft encore aujourd'hui celle de beaucoup de gens. L'Auteur du Journal Économique, faifant le rôle d'Hiftorien, dit que « dans ce pays même, on a remarqué » que les avantages les plus confidérables que le commerce » apporte, ne fe trouvent point dans le commerce des épi-» ceries. Ce commerce n'entretient qu'un très-petit nombre de » vaifleaux, ne favorife pas la population, &c. Beaucoup de gens » penfent que le feul cabotage des Côtes de France eft cent » fois plus utile à la Hollande; que leur pêche eft une mine » bien plus abondante de richeffes que ce commerce exclufif».

» Que le commerce de l'Inde n'enrichit qu'un petit nom-» bre de particuliers, les Actionnaires de la Compagnie; qu'il » ne s'eft pas étendu entre les mains de la Compagnie autant » qu'il auroit fait, s'il eut été rendu libre à tous les fujets de la » république qui auroient trouvé de nouveaux debouchés ».

On peut penfer que fi ce commerce eut été libre, les épi-ceries auroient été à meilleur marché, l'ufage en feroit devenu plus commun, & fe feroit étendu plus rapidement; & que fi cela fut arrivé, les Hollandois, les premiers en poffeffion de cette culture & des pays où la nature fournit ces productions avec plus d'abondance, auroient peut-être gagné fur la quan-tité bien plus qu'ils n'auroient perdu fur la diminution du prix.

Enfin on fait que dans les dernieres affemblées de la Com-pagnie Hollandoife, il a été propofé par plufieurs perfonnes de rendre libre le commerce de l'Inde, & qu'on y a avancé que la liberté étoit déformais le feul moien d'y foutenir le com-merce de la Nation en concurrence avec celui des Anglois.

Ce n'eft donc pas fans contradiction & fans difficulté que la Compagnie Hollandoife fe foutient, & puifque fon exiftence actuelle, bien qu'autorifée par le Gouvernement, n'empêche pas qu'on ne doute de fon utilité, l'autorité du Gouverne-

nement qui la conserve n'est donc pas une preuve si claire
des avantages que cet Etat en retire.

Une autre réflexion faite cent fois , & qui n'est pas contestée, détruit absolument les conséquences qu'on voudroit tirer
de l'exemple de la Compagnie Hollandoise, pour justifier une
Compagnie exclusive en France pour le commerce de l'Inde.

Les Hollandois possesseurs des îles d'Amboine , de Ceram ,
de Ceylan , &c. les seules jusqu'à présent connues , dans lesquelles se trouvent les épiceries, ont pu restraindre le commerce des Indes Orientales à une Compagnie qui eut un intérêt soutenu de se conserver la vente exclusive des productions que la nature y fait croître. Si ce commerce avoit été
libre à tous les sujets de la République, les gérofliers & les ca-
nelliers auroient passé promptement, & se seroient multipliés
dans les autres îles appartenantes aux Européens. Mais l'établissement des Compagnies des Indes chez les autres nations
de l'Europe , ne peut être justifié par la même raison.

C'est une chose claire & connue que le commerce de l'Inde
par lui-même ne se soutiendroit pas & ne payeroit pas les
dépenses qu'il entraîne , si ces dépenses n'étoient pas couvertes
par les profits de la vente exclusive des épiceries. Que quelqu'autre nation Européenne aye des géroffliers ou des caneliers;
ou s'empare de quelqu'une des Moluques, la Compagnie Hollandoise pourra déchoir comme tant d'autres, parce qu'elle a
tous les vices qui sont inséparables de pareils établissemens; on
ne peut donc pas faire valoir l'exemple de cette Compagnie
contre les maximes générales du Commerce & les principes
d'une bonne administration. En un mot, quand on supposeroit
que cet établissement n'est pas, en Hollande même, contraire
à la liberté publique & au bien de la nation, la Compagnie
Françoise n'étant point dans l'Inde propriétaire de productions
uniques, ne peut pas s'appuyer de l'exemple de la Compagnie
Hollandoise.

2° Il m'est aussi aisé de renverser l'appui que vous prétendez
trouver dans l'exemple de la Compagnie Angloise ; & puisque
vous m'en donnez l'occasion, j'espere que ce que je vais dire
à ce sujet, ôtera désormais aux défenseurs du Privilége exclusif, l'envie de se servir de cet argument.

Je

Je me bornerai, Monſieur, à établir deux propoſitions : la premiere que la Compagnie Angloiſe, quoique avec des vices moindres que ceux que j'ai réprochés à la Compagnie de France, a toujours été l'objet des plaintes des Citoyens éclairés, &·en particulier des Parlemens de la Grande-Bretagne, défenſeurs de la liberté.

La ſeconde, qu'elle a été, comme la nôtre, ſouvent à deux doigts de ſa perte, que ſon exiſtence a été précaire juſqu'au moment où, devenue maîtreſſe d'une partie de l'Inde, elle s'eſt vue en état de ſoutenir ſon commerce par les revenus des poſſeſſions qu'elle a acquiſes, poſſeſſions qui n'ont rien de commun avec le commerce, qu'elle ne doit qu'aux hazards de la guerre, qu'elle ne peut regarder comme ſolides, à moins que toutes les forces de la Grande-Bretagne, ne ſoient déſormais employées à les défendre, & que la nation Angloiſe ne veuille conſerver ſon exiſtence dans l'Inde, aux dépens de celle qu'elle a en Europe.

Mon récit ſera principalement tiré de l'ouvrage de John Cary, Négociant célebre à Briſtol, qui écrivoit en l'an 1695, & de l'*État du commerce de la Grande-Bretagne*, imprimé en 1755, dans lequel on a fait des additions intéreſſantes à l'eſſai de John Cary.

Le premier établiſſement du commerce Anglois de l'Inde par Compagnies, eſt de 1599, ſur la fin du regne d'Eliſabeth. Son Privilége ne devoit durer que quatorze ans. Il ne fut pas vu de bon œil par la Nation, qui s'éleva avec force dans ce même tems contre pluſieurs conceſſions de ce genre qu'Eliſabeth révoqua, ayant ſçu qu'on en étoit mécontent. La Chambre baſſe lui ayant fait des remerciemens à cette occaſion, elle dit aux Députés : *Meſſieurs, je ſuis bien touchée de l'attachement que vous me portez, & du témoignage authentique que vous m'en donnez, en m'avertiſſant d'une faute qui m'étoit échappée.... que ma main ſe ſêche, que mon cœur reçoive un coup mortel, plutôt que ni mon cœur ni ma main accordent des Priviléges particuliers, dont mes ſujets ayent droit de ſe plaindre.*

Jacques I, à ſon avénement à la Couronne d'Angleterre, ne crut pas pouvoir ſe rendre plus agréable à la Nation, qu'en ſe déclarant contre les monopoles à l'ouverture du premier Parlement qui ſe tint ſous ſon regne ; mais bientôt ce Prince, oubliant ces principes, attribua exclufivement le droit de commercer en Efpagne, à une Compagnie de Marchands. Le Parlement annulla cette conceffion dès l'année fuivante ; cependant le Monarque accorda, dans le cours de fon regne, plus de trente-fept Priviléges femblables, qui furent abrogés avant fa mort. Il protégea auffi la Compagnie des Indes, & dans la feptieme année de fon regne, il rendit perpétuel le Privilége dont elle jouiffoit.

Charles I favorifa auffi la Compagnie, cependant fous fon regne elle commença d'être inquiétée vivement ; & on trouve dès l'année 1615 de grandes oppofitions à fon Privilége.

Les clameurs redevinrent fi violentes & fi générales vers 1628, que la Compagnie des Indes fupplia les deux Chambres du Parlement d'examiner la qualité du commerce qu'elle exerçoit ; de le prohiber s'il étoit défavorable à l'État ; ou de l'autorifer par une déclaration publique, s'il leur paroiffoit avantageux, afin de la difculper aux yeux de la nation. Elle prétendoit occuper alors douze mille tonneaux d'embarquement, & entretenir quatre mille Mariniers.

Pendant les rebellions, les Marchands particuliers s'emparerent de fon commerce. Le concours en fut fi grand dans les mers orientales, & la quantité des marchandifes qu'ils en rapporterent, fi immenfe, qu'ils vendirent à plus bas prix que les Hollandois dans tous les marchés en Europe (preuve frappante de la poffibilité du commerce particulier). On dit que ces derniers, dans la crainte de perdre tout-à-fait leur commerce, fi celui des Anglois reftoit libre plus long-tems, pratiquerent quelques perfonnes auprès de Cromwel, pour le porter à former une Compagnie exclufive qui trafiquât aux Indes en fonds communs. Les principaux d'entre les Marchands particuliers Anglois, qui y négocioient alors, feconderent eux-même ces menées, dans l'efpérance de faire des gains plus confidérables, lorfqu'étant les feuls vendeurs, ils feroient les maîtres d'y mettre le prix qu'ils voudroient en Angleterre.

Cromwel limita pour fept années le commerce des Indes à une feule Compagnie.

Charles II, gagné, dit-on, par l'argent de la Compagnie

prorogée par Cromwel, lui accorda une charte qui la confirmoit, & qui lui attribuoit à perpétuité le droit exclusif de trafiquer au-delà du cap de Bonne-Espérance. Cette charte est du trois Avril 1661. Et, pour arrêter le dommage qu'elle recevoit des Marchands particuliers, il ordonna, par un supplément à leur charte, l'érection d'une cour d'Amirauté, composée d'un Légiste & de deux Marchands dans chaque place de l'Inde, à qui il remit le jugement de tous les cas de saisies & contestations, au sujet des vaisseaux ou marchandises allant aux Indes en contravention.

Dès que cette charte devint publique en Angleterre, le Parlement se déclara contre elle ; on contesta au Roi le pouvoir d'accorder des Priviléges.

La question fut portée dans la cour des Plaids communs, où elle fut jugée en faveur du Roi ; à cause que *le commerce des Indes s'exerçant avec des Infideles, cette circonstance mettoit le Prince en droit d'empêcher tous ses sujets d'y concourir indifféremment, dans la crainte que la pureté de leur foi ne s'altérât.*

Jacques II, à son avénement à la couronne, confirma tous les Priviléges de la Compagnie, par une charte du premier Avril 1685, qu'il accompagna d'une proclamation, dans laquelle il menaçoit les Interlopes des peines les plus rigoureuses. Selon quelques Ecrivains, la bienveillance que ce Prince & son frere marquerent pour cette corporation, avoit son origine dans l'engagement secret qu'elle avoit contracté de leur donner annuellement dix mille guinées.

La décadence de la Compagnie vers 1686, fortifia les murmures de la Nation, qui n'avoit jamais cessé de l'attaquer. Le Parlement résolut de casser sa charte, & d'attribuer le commerce d'Orient à une nouvelle corporation sous des conditions qui, sans nuire aux progrès de ce commerce, restraignissent moins la liberté des sujets. La Compagnie des Indes fit les plus grands efforts pour parer ce coup. La Cour qui ne voyoit pas de bon œil le Parlement entreprendre de lui arracher la prérogative qu'elle avoit toujours prétendu avoir d'accorder des Priviléges exclusifs, seconda la Compagnie autant que les dispositions du public le lui permettoient. Le

Roi en 1693 , lui donna une nouvelle charte , où , en conservant l'essentiel des articles de la premiere , on avoit tâché , par des arrangemens particuliers, de pallier les inconvéniens qu'on lui reprochoit ; & , afin d'adoucir les esprits, il se reserva de retirer cette charte même, si la Compagnie n'accédoit pas aux changemens qu'il pourroit y faire , durant le tems qui s'écouleroit du jour de sa date au mois de Septembre suivant.

Ces changemens ne tarderent pas à paroître. Ils rapprochoient la Compagnie du pied sur lequel la Chambre vouloit l'établir. On crut donc son état certain. Cette confiance augmentée par les mouvemens de ses Directeurs, fit remplir , en très-peu de tems, une souscription qu'elle ouvrit, & qui produisit ¬44,000 liv. sterl. Pour prévenir les objections qui pouvoient naître encore contr'elle , le Roi ajouta au mois de Septembre 1694, quelques réglemens à ceux qu'il avoit déja faits.

Quelque grand que fut le crédit de la Compagnie , le Parlement ne perdoit point de vue le dessein qu'il avoit formé de la dissoudre , & d'en établir une autre dans une forme plus avantageuse à l'Etat. En vain prodigua-t-elle les offres d'argent aux personnes en faveur qui pouvoient lui obtenir la confirmation de sa charte: en vain aussi offrit-elle de fournir à l'Etat une avance de 700,000 liv. sterl. à 4 p. ⁒ par an. Les marchands particuliers qui commerçoient aux Indes sous des permissions particulieres, ou en contravention , ayant promis deux millions à 8 p. ⁒ d'intérêt , si le Parlement vouloit les incorporer , & consentant de l'être dans une forme qui se rapportoit aux vues du Parlement, ils eurent la préférence.

Le Parlement passa donc , le cinq Septembre 1698 , un acte que l'on appelle communément l'*Acte pour l'établissement du commerce des Indes*, par lequel il autorisa le Roi à emprunter une somme de deux millions sterl. à 8 p. ⁒ par an, & à unir les Souscripteurs en corporation , en leur accordant le droit exclusif de commercer aux Indes.

L'ancienne Compagnie présenta des remontrances contre cet acte ; elles n'empêcherent pas de passer outre en faveur de la nouvelle : on la nomma, *The general Society intitled to the advantages given by an act of Parliament for advancing a summ not*

*exceeding two millions for the service of the Crown of England*; c'eſt-
à-dire, Société générale jouiſſante des prérogatives accordées
par l'acte du Parlement, à la condition de prêter deux millions
ſterling, pour les beſoins de la Couronne d'Angleterre. Le
paiement de l'intérêt qui lui étoit dû fut aſſigné ſur certains impôts du produit deſquels on devoit diſtraire à cet effet 160,000
liv. ſterling.

L'ancienne Compagnie ne devoit ſubſiſter que juſqu'à la
Saint-Michel 1701; terme juſqu'auquel on lui avoit permis de
continuer ſon commerce. Se voyant à la veille de ſa diſſolution,
elle offrit dans le cours de cette année de rembourſer les deux
millions ſterling que la nouvelle avoit avancés au Gouvernement, & de ſe borner à un intérêt de 5 p. ⅜. La nouvelle Compagnie appréhenda que cette propoſition ne tentât le Parlement. Elle en vint à propoſer un accommodement.

La Charte de la Compagnie étant expirée en 1730, le Parlement exigea d'elle pour la proroger une ſomme de 200,000
liv. ſterling dont elle ne peut prétendre le rembourſement, &
pour laquelle elle ne reçoit pas d'intérêt. Il l'obligea en même
tems de conſentir à la réduction de l'annuité que l'État lui
payoit pour l'intérêt de 3,200,000 liv. ſterling, qu'elle avoit
avancées partie en 1698, & partie dans la ſixième année du
régne de la Reine Anne. En vertu de cet arrangement, l'annuité qui étoit précédemment de 160,000 liv. ſterling ſur le pied
de 5 p. ⅜, ne fut plus que de 128,000 liv. ſterling ſur le pied de
4 p. ⅜, à compter du 29 Septembre 1730.

Le Parlement de ſon côté aſſura à la Compagnie le Privilége
excluſif du commerce des Indes juſqu'en 1766, tems auquel, ſi
l'État la rembourſoit, elle ne devoit plus avoir que la permiſ-
ſion d'y trafiquer avec les autres ſujets de la Couronne Britah-
nique.

Par le même acte, le Parlement ſe réſerva le pouvoir de rembourſer la Compagnie en tout ou en partie, après le 25 Mars
1736, en l'avertiſſant trois ans d'avance pour le rembourſement
total, ou un an d'avance ſeulement pour une partie du rembourſement, laquelle ne pouvoit être moindre que de 500,000
livres ſterling; dans l'un ou l'autre cas, l'annuité devoit ceſſer
ou diminuer proportionnellement : mais la Compagnie ne pou-

voit perdre le Privilége exclufif du commerce des Indes avant 1766.

En 1744, la Compagnie ayant avancé au Gouvernement une fomme d'un million fterling à 3 p. ⅖, a obtenu en faveur de ce prêt, que fa Charte qui devoit finir en 1766, feroit prorogée 14 ans au-delà, en forte que les Priviléges dont elle jouit actuellement, lui font affurés jufqu'en 1780.

Depuis que la Compagnie des Indes eft établie par des actes du parlement, qui ont fixé le tems de fon Privilége, les murmures ne s'élevent plus contr'elle avec le même éclat qu'autrefois. Mais l'animofité avec laquelle la Nation s'eft déclarée dans tous les tems contre les Compagnies exclufives, la deftruction de celle d'Afrique, la chaleur avec laquelle elle a pourfuivi celle de Turquie, quoique celle-ci fut feulement une Compagnie dirigée (regulated Compagny); toutes ces circonftances réunies ne permettent pas de douter que le calme ne fe change en un orage violent à l'expiration du Privilége, fi d'autres caufes, & nommément la fituation violente où la Compagnie fe trouve aujourd'hui dans l'Inde, ne hâtent encore fa diffolution.

Ce détail hiftorique me met en droit de conclure ce que j'ai avancé, que la Compagnie Angloife a toujours été regardée comme contraire à la liberté nationale & au bien général, puifqu'il nous montre cet établiffement, ne fe foutenant contre les réclamations conftantes du Parlement & de la Nation, que par les fommes payées aux Souverains: que même lorfque ces fommes ont été employées au fervice de la Nation, elles ont toujours été le prix de la liberté des Citoyens, & qu'on ne peut pas douter qu'une Nation ne perde toujours à ce marché.

J'ai dit que je montrerois que l'état de la Compagnie Angloife a fouvent été précaire & chancelant jufqu'au moment où nous fommes, où elle fe foutient bien moins par fon commerce que par fes poffeffions; c'eft-à-dire, par des reffources étrangeres à fon commerce, & dont elle peut fe trouver privée à tous momens.

De quelque efpérance que les commencemens du commerce de l'Inde euffent flatté la Compagnie qui l'entreprit, la fuite n'y répondit pas. Quoiqu'elle eut alors un fonds de 1,500,000 l. fterl. la maffe de fes gains durant l'efpace de quinze ans, à compter de l'année 1615, à l'année 1632, ne produifit pas 12 $\frac{1}{4}$ p. $\frac{0}{0}$, fes bénéfices fe trouverent à la fin au-deffous de fes dépenfes. Les murmures qui ne ceffoient pas contre elle, la guerre civile qui vint à s'allumer dans la Grande-Bretagne, empêchant de nouveaux intéreffés de joindre leurs fonds aux fiens, elle fe vit hors d'état de payer fes dettes.

Vers le milieu du dernier fiecle, elle fe trouva ruinée au point, qu'elle n'eut pas à la fin, un feul vaiffeau en état de tenir la mer. Lorfque celle qui lui fuccéda fous Cromwel, prit poffeffion de fon commerce, elle fe vit contrainte de prendre à fret des navires pour l'exercer. La Compagnie, à laquelle elle fut unie, adopta cet ufage, qui depuis a été toujours fuivi.

Depuis 1662 jufqu'en 1682 & 1683, les affaires de la Compagnie eurent un cours affez heureux. Dans les dernieres de ces années, fes actions gagnoient 260 p. $\frac{0}{0}$, & fon fonds étoit évalué à 1,700,000 liv. fterl. mais une profpérité fi brillante ne dura pas long-tems. Comme elle s'étoit établie en grande partie aux dépens même de la Nation, à qui on vendoit très-chérement les marchandifes des Indes, & que les profits de ce commerce étoient trop confidérables, d'autres Citoyens s'empreffierent d'y prendre part, fans égard pour le Privilége exclufif, porté par la Charte de la Compagnie, & appuyé d'une proclamation du Roi.

Outre cette concurrence, d'autres caufes firent bientôt difparoître cette profpérité paffagere. La Compagnie reçut dans fes divers établiffemens, des échecs dont elle ne fe releva point. Le pillage de fes magafins à Bantam, d'où les Hollandois chafferent fes facteurs en 1680, fut la premiere atteinte qu'elle reçut. Sur la fin de 1683, & dans les années fuivantes, les profits diminuerent beaucoup par le grand nombre d'interlopes & de marchands, à qui Charles II vendoit des permiffions particulieres de commercer aux Indes, en même tems qu'il tiroit de la Compagnie des fommes d'argent, pour l'autorifer à pourfuivre ceux qui donnoient atteinte à fon Privilége.

En 1686., les frais de la guerre dans laquelle elle s'engagea contre le Grand Mogol, & la perte de fon comptoir de Surate, se joignirent aux pertes qu'elle avoit faites depuis cinq ans. Enfin la guerre qui suivit en Europe, la révolution arrivée en Angleterre en 1688, durant laquelle les armateurs François enleverent à la Compagnie plusieurs flottes, la réduisirent à une si grande foiblesse, qu'en 1693 elle ne pouvoit charger en Angleterre assez d'argent sur ses vaisseaux pour rapporter ses retours ordinaires.

Depuis le commencement du siécle, je ne trouve pas de renseignemens bien exacts sur l'état des fonds & du commerce de la Compagnie; j'ai fait des recherches jusqu'à présent infructueuses, que le tems ne m'a pas permis de conduire plus loin. Je me suis adressé à quelques personnes instruites, qui n'ont pas pu ou qui n'ont pas voulu satisfaire ma curiosité. Mais sans pouvoir me procurer des preuves positives de la dégradation du capital de commerce de la Compagnie Angloise, ou au moins de celle qu'il auroit essuyée, abandonné aux seules ressources du commerce; ressources que je distingue toujours des secours du Gouvernement, des hazards heureux de la guerre, des revenus des possessions territoriales, &c. Cette dégradation, soit absolue, soit relative aux seules forces du commerce, ne m'en paroît pas moins prouvée depuis le commencement du siécle, & même depuis la réunion entiere de l'ancienne Compagnie à la nouvelle, opérée en 1708, jusqu'à nos jours.

Je trouve d'abord quelques faits épars qui me conduisent à le penser.

Je vois dans Anderson *Historical account of Commerce*, que le préjudice que fit à la Compagnie Angloise, celle d'Ostende & plusieurs autres causes l'obligerent, en 1722, de réduire son dividende de demi-année, de 5 à 4 pour cent.

Je vois cette même Compagnie, avant la derniere guerre, forcée à des emprunts considérables, à un très-gros intérêt, soutenant à peine ses possessions, à la veille de manquer à tous ses engagemens. Je vois que l'opinion générale est que si la guerre de l'Inde n'avoit pas tourné fort mal pour notre nation & très-heureusement pour la nation Angloise, la Compagnie Angloise se seroit trouvée dans une situation bien autrement fâcheuse que la nôtre aujourd'hui; qu'en 1756, &
avant

avant de recevoir des nouvelles du Bengale, elle n'auroit pas payé 10 p. :. de ses engagemens & de ses actions, & qu'au lieu que la nôtre n'éprouve que l'impossibilité de continuer son commerce de l'Inde, sans que ses Actionnaires & ses Créanciers courent aucun risque ; la Compagnie Angloise auroit fait la banqueroute la plus *solemnelle*. Je vois que la Compagnie Angloise ne soutient pas aujourd'hui ses dépenses, du produit de son commerce. Je vois enfin que l'opinion de beaucoup de gens sensés & instruits des deux Nations, est que cette Compagnie, si florissante aujourd'hui, n'a qu'une existence précaire & chancellante, & qu'elle éprouvera bientôt le même sort que tant d'autres, parce qu'elle porte en elle les mêmes causes de mort & de destruction.

Je crois que ces réflexions suffisent pour renverser l'argument qu'on prétend tirer de l'exemple des Compagnies Angloise & Hollandoise, pour justifier les Priviléges exclusifs pour le commerce de l'Inde, & je continue de parcourir votre réponse.

*Le Privilége exclusif de la Compagnie n'est pas une violation des droits de la Société, n'est pas funeste à l'État, &c. parce que la subdivision des fonds qu'on emploie au commerce de l'Inde en trente ou quarante mille parts, est un moyen d'intéresser à ce commerce le plus grand nombre possible de Citoyens, p. 6.*

Ce raisonnement, quoique fait cent fois, n'en est pas moins un véritable paralogisme.

Lorsqu'on combat un Privilége exclusif, on l'attaque par deux côtés. 1º Comme contraire au droit que tout homme, doué de quelque industrie & propriétaire d'un capital, a de *réunir* l'un & l'autre pour devenir *entrepreneur*, & pour aller à la fortune par tous les moyens qui ne nuisent à aucun autre membre de la Société. 2º On attaque les Priviléges exclusifs comme contraires au droit que tous les Citoyens d'un État politique, considérés comme *acheteurs*, ont d'exiger qu'on ne leur fasse pas payer plus cherement les consommations qu'ils font, en vertu d'un monopole. Or il est bien évident que la quantité des actions de la Compagnie des Indes de France n'empêche pas qu'elle n'ait ce double tort envers les Citoyens.

Un Négociant de Bordeaux, de Marseille ou de Saint-Malo n'est pas dédommagé de l'interdiction qui lui est faite d'aller

G

aux Indes, parce qu'il peut acheter des actions de la Compagnie. On ne voit pas de Commerçans de nos Villes maritimes
acheter trois cents actions de la Compagnie, au lieu de faire
un armement de trois cents mille francs, & regarder ces
deux emplois de leurs fonds, comme également profitables
& également sûrs; mais ce même capital pourroit être employé au commerce particulier de l'Inde, si la route de l'Inde
n'étoit pas fermée au commerce particulier; & cet emploi,
dirigé par l'industrie d'un Négociant avec moins de dépenses, moins de pertes, plus de suite, plus d'économie, &
généralement plus d'intérêt que l'Administration d'une Compagnie n'y en peut mettre, apporteroit au capitaliste de plus
grands profits que celui que lui donneroient des actions.

Quand on supposeroit même que cet emploi de ses fonds
ne seroit pas pour lui plus lucratif, toujours auroit-il joui
de la liberté de les y employer, liberté précieuse & qui doit
être sacrée, même quand elle n'apporte pas des avantages
pécuniaires, parce qu'elle est elle-même un droit & un bien,
dont il est injuste de le dépouiller.

L'injustice du Privilége pour les Citoyens, considérés
comme *Acheteurs*, est encore bien plus sensible, malgré la
grande subdivision des actions, car cette subdivision n'empêche pas le monopole. Quand les marchandises de l'Inde arri-
vées à l'Orient seroient partagées à chaque Actionnaire en
raison de la quantité de ses actions, & que chacun d'eux
vendroit sa portion de mousseline, de caffé, &c. il y auroit
encore un monopole véritable, parce qu'on n'entend pas par
monopole le Privilége de vendre exercé par un seul individu;
mais toute vente attribuée à un nombre de vendeurs, moindre
que celui que la liberté & la concurrence éleveroient. Il y auroit
donc encore monopole, même dans cette supposition: mais il
y a plus, cette multitude d'Actionnaires agissant par une Administration unique, ne forme véritablement qu'un seul
vendeur, & exerce un monopole dans toute la rigueur du
mot, monopole que la subdivision des actions n'empêche
point. Le Privilége de la Compagnie est donc encore véritablement exclusif, malgré la subdivision des actions, & n'en a
pas moins tous les inconvéniens qu'on reproche aux Privi-

léges excluſifs. Je crois ce raiſonnement ſans réplique.

Vous continuez votre apologie de la Compagnie, en diſant, que *ſa formation ne fut point l'ouvrage de la cupidité,
mais du patriotiſme, dont on échauffa les eſprits. . . . . . . C'eſt
pour l'avantage de l'État qu'elle a été établie & maintenue, &c. Les
Édits ne diſent point voulant favoriſer tels & tels, &c. mais ſur ce
qu'il nous a été repréſenté qu'il étoit du bien de notre royaume,
&c. p. 7.*

Je ne ſais plus ici, Monſieur, à qui vous en voulez. Je n'ai
point dit que le Roi & ſon Conſeil ayent établi la Compagnie par des vues de cupidité, ou pour favoriſer des particuliers; ſans doute le Gouvernement n'a eu & ne pouvoit avoir
que le bien du Royaume pour objet. Ainſi, l'apologie que
vous faites de Louis XIV & de Colbert eſt tout-à-fait ſuperflue.
Je n'ai pas même dit que les Capitaliſtes qui demandèrent &
qui obtinrent le Privilége excluſif, euſſent des vues de cupidité.
Je crois bien qu'ils eurent le projet d'employer utilement
leurs capitaux; mais on ne peut pas les blâmer pour cela ſeul,
quoiqu'on puiſſe déſaprouver le moyen qu'ils choiſiſſoient &
qu'ils ſuggéroient au Gouvernement. Peut-être eux-mêmes
croyoient-ils qu'en s'enrichiſſant, ils ne nuiſoient pas à l'État,
& qu'ils n'attentoient pas à la liberté de leurs Concitoyens,
en obtenant un Privilége excluſif. Les idées ſaines de l'Adminiſtration du commerce étoient alors encore moins répan-
dues qu'aujourd'hui.

Quoi qu'il en ſoit, comme je n'ai accuſé ni le Gouvernement, ni les premiers Actionnaires d'avoir eu en 1664,
ni en 1717, des vues intéreſſées (fait bien indifférent à la
queſtion qui eſt entre nous) l'Apologie que vous faites de leurs
intentions, ne fait rien du tout à la cauſe que vous plaidez.

Enfin, je dirai que tout ſe fait toujours à bonne intention,
au moins peut-on le ſuppoſer: mais cela n'empêche pas qu'il
n'y ait des établiſſemens vicieux, & tel me paroît être celui
de la Compagnie; les vues qu'on a eues en l'établiſſant, ne la
juſtifient pas contre ce reproche.

Vous paroiſſez vous-même compter foiblement ſur cette
juſtification, lorſque vous vous réduiſez à dire que *quand le
Gouvernement ſe ſeroit trompé, en enviſageant la Compagnie comme*

*un établissement utile, ses efforts & ses sacrifices passés, lui au-*
*roient toujours acquis un droit sur la reconnoissance publique, &*
*que le lui contester, ce seroit refuser à un Soldat le prix de ses*
*services, en discutant avec lui l'utilité de la conquête.*

Il y a, Monsieur, une grande différence entre discuter
avec un Soldat l'utilité de sa conquête, pour lui refuser le
prix de ses services, & lui disputer la réalité de ses services.
Dans le premier cas, le chef qui l'auroit employé seroit injuste; dans le second, la justice & la raison peuvent être entiérement de son côté; puisque si les services ne sont pas réels,
on peut sans doute se dispenser de les payer, & de les reconnoître. Or c'est précisément la réalité des services de la Compagnie que j'ai contestée. Il faut examiner si ma prétention est
injuste; mais du moins est-il évident qu'elle ne ressemble point
du tout à celle d'un Souverain, qui, après avoir tiré des services réels de ses Soldats, leur en contesteroit le prix. Ainsi
votre comparaison est bien flatteuse pour la Compagnie, mais
elle n'est pas juste. Je ne vois pas d'ailleurs à quel titre vous
pouvez prétendre pour les Actionnaires à la reconnoissance
publique.

J'ai pour les Actionnaires toute la considération qu'ils
méritent comme Citoyens; je n'en ai point pour eux, comme Membres d'une Compagnie exclusive. Plusieurs peuvent avoir droit à l'estime publique, s'ils se font rendus
utiles à la Société; mais c'est prostituer la reconnoissance d'une
Nation, que de la réclamer pour eux en leur qualité d'Actionnaires. Il faut, pour obtenir cet honneur, des services, des
efforts, des sacrifices qu'ils n'ont pas faits.

Si ma façon de penser à cet égard, est injuste & mal fondée, qu'on me le prouve, & je serai le premier à professer
cette reconnoissance qu'on demande, que je ne vois point
dans le public, & que je ne pourrois pas ravir aux Actionnaires en leur en refusant ma part, si le public en étoit pénétré.

Comment conviendrois-je de cette dette de la Nation envers les Actionnaires, moi qui crois que, loin que la Compagnie ait fait pour l'État aucuns sacrifices, l'État en a fait pour
elle de très-grands & de continuels? C'est l'objet d'une de
mes assertions que vous combattez ici. Je vais examiner si
c'est avec des raisons solides.

J'avois dit que de 1725 à 1756, le total des retours de
la Compagnie en marchandifes de l'Inde, avoit été de
305,246,852 liv. ce qui donnoit une année commune de
9,846,632 liv. que d'un autre côté la fomme des dépenfes faites
par l'Etat, pour le foutien du Privilége exclufif de la Compagnie,
non compris les frais de la derniere guerre, montant à 85 millions, avoit été, de 1725 à 1769, de 376 millions, ce qui donnoit une année commune, en dépenfes faites par le Roi, de
8,586,420 liv. à quoi joignant les frais de la guerre, on trouvoit plus de dix millions pris annuellement fur le revenu public, employés à foutenir un commerce dont les retours font
année commune au-deffous de dix millions.

Je vous avoue que je croiois avoir fait un argument fans
replique. Il avoit paru tel à la plus grande partie de mes lecteurs; prefque tout le monde en avoit été fortement frappé.
Vous m'apprenez *qu'on ne pouvoit pas réunir dans un même
raifonnement un plus grand nombre de faits, de principes & rapports erronés.* J'efpére démontrer avec la derniere évidence que
c'eft votre logique qui eft en défaut, Monfieur, & non pas la
mienne.

Vous me reprochez d'abord de paffer fous filence le tableau
des ventes aux Indes, des marchandifes d'exportation. Ma réponfe à cela eft, que j'aurois fait un double emploi vicieux,
fi j'avois mis cet article en ligne de compte, avec le produit
total des retours. En effet, le produit des ventes dans l'Inde, étant employé dans l'Inde même pour y former les
cargaifons, dont je dois calculer le produit à leur vente en
France, ne peut être regardé, du point de vue auquel je fuis
ici placé, que comme une partie de la mife en avant, & du
fonds du commerce; C'eft comme fi, en ne faifant point d'exportation de marchandifes, vous portiez aux Indes une plus
grande quantité d'argent. Ce profit converti en marchandifes de l'Inde étant rapporté en Europe & les marchandifes
vendues, la fomme totale des retours (que je ne compare point
ici à la mife) eft le produit de la vente en Europe. J'ai donné
le produit total de la vente en Europe, je n'ai donc point
fait ici d'omiffion qu'on puiffe me reprocher.

Je remarque encore, que fi vous n'aviez voulu vous arrêter

qu'à des chofes vraiment effentielles, vous n'auriez point in-
cidenté fur cet article. Vous favez auffi bien que moi, que
ces marchandifes d'exportation font un objet peu confidérable, qu'elles font en partie étrangeres & non du cru ou des
fabriques du Royaume ; enfin, qu'elles font la plupart vendues
dans les colonies de l'Ifle de France & de Bourbon, &
que dans vos vues de faire valoir l'utilité du commerce de
la Compagnie pour l'État, toutes ces circonftances vous font
fort contraires. Vous voyez par-là que vous avez peut-être
plus gagné que perdu à ce que j'aie négligé de parler du produit de la vente dans l'Inde des marchandifes d'exportation.

La feconde faute que vous me reprochez, eft de retrancher,
dites-vous, *fous le prétexte le plus frivole ; tout le montant du
commerce de Chine, de Guinée, du Sénegal & du Canada.*

Ce n'eft point, Monfieur, fous un prétexte frivole que j'ai
écarté ces objets qui font abfolument étrangers au véritable
état de la queftion.

Pouvez-vous vous diffimuler qu'il ne s'agit ici que du commerce de l'Inde ? Pouvez-vous difconvenir que dans le calcul
des avantages ou des inconvéniens *du Privilége excluſif* de la
Compagnie, je puis ne pas m'occuper des differens genres
de commerce qui peuvent, & qui ont toujours pu s'exploiter
*fans Privilége excluſif?* Et pouvez-vous foutenir que ces commerces que j'ai exceptés, exigeoient auffi le Privilége ? Paffez-
moi donc, s'il vous plaît, Monfieur, la liberté que j'ai prife
d'écarter d'abord le commerce de Canada, de Guinée & du
Sénegal, que le Privilége a tenu dans la foibleffe ou perdus,
& d'omettre auffi le commerce de Chine, pour lequel on peut
affurément armer fans Privilége.

C'eft avec une forte de répugnance que je releve ce que
vous m'oppofez encore à ce fujet, *qu'en retranchant les produits
du commerce de Chine, par la raifon que le Privilége excluſif n'y
eft pas néceffaire, j'aurois pu auffi retrancher les retours du commerce de l'Inde, parce que je fuis d'avis qu'il peut auffi être exploité fans Privilége.*

Non, Monfieur, je ne devois pas retrancher les produits
des retours de l'Inde, parce que les avantages & les inconvéniens du commerce de l'Inde, font d'ailleurs en queftion

entre vous & moi, & je devois retrancher ceux de Chine, parce qu'on convient communément, & que vous-même ne le niez pas expreſſément, que le commerce de Chine peut s'exploiter ſans Privilége. J'ai ſuppoſé que je traitois avec des lecteurs de bonne foi, & au moins médiocrement inſtruits. Il y a dans toutes les queſtions des articles convenus, ſur leſquels les contendans ſont d'accord, & lorſque cela n'eſt pas, non-ſeulement la diſpute eſt interminable, mais on ne peut pas même raiſonnablement la commencer. J'ai regardé comme un de ces points convenus la poſſibilité de faire le commerce de Chine ſans Privilége excluſif, &, en partant de-là, j'ai voulu prouver que la partie du commerce de la Compagnie, pour laquelle le Privilége excluſif eſt ſuppoſé néceſſaire, c'eſt-à-dire le commerce de l'Inde, a coûté plus à l'État, qu'il n'a rapporté en France de produit total en retours. Qu'y a-t-il dans cette marche de contraire aux loix d'une ſaine logique?

Mais, voici votre grande objection. *Les 376 millions que je dis avoir été donnés par le Roi, font la ſolde d'un compte que j'ai étendu juſqu'à l'année 1769, & mon tableau comparatif des ventes finit à 1756. On auroit, dites-vous, peine à croire de pareilles diſcordances, ſi on ne les avoit pas ſous les yeux.*

Votre objection n'eſt pas encore rendue d'une manière aſſez forte & aſſez frappante. Je veux me la faire à moi-même, & vous verrez que je ne me ménagerai pas. « J'ai oppoſé le » produit des ventes de la Compagnie pendant trente ans ſeu- » lement, aux ſecours que lui a donnés le Roi pendant 44 » ans. Je devois ou arrêter le calcul de ce que le Roi a donné, à » l'année 1756, comme j'y ai arrêté le produit des ventes, » ou pouſſer le produit des ventes juſqu'à l'année 1769, com- » me je faiſois entrer dans mon compte ce que le Roi a » donné juſqu'à cette dernière époque: il ne m'a pas été diffi- » cile, avec cette méthode, de réduire à rien les avantages que » la Compagnie a procurés à l'État, & de porter fort haut les » ſecours qu'elle en a reçus. Mais cette manière de procéder » eſt injuſte & de mauvaiſe foi ».

Eh bien, Monſieur, l'objection vous paroît ſans doute bien forte; je vous étonnerai donc beaucoup, ſi je vous dis que je la trouve foible & ſans fondement.

Je voulois oppofer l'année commune du produit des ventes
de la Compagnie en retours de l'Inde, à l'année commune
des fecours qu'elle a reçus du Roi. Pour faire cette année
commune des deux côtés, il n'étoit pas néceffaire que je priffe
des termes égaux, il fuffifoit que dans le choix des époques
que j'embraffois de chaque côté, je ne priffe pas des tems défavorables à la Compagnie ; il pouvoit même arriver tout auffi
facilement, qu'en formant l'année commune fur trente ans
pour la Compagnie, & fur 44 ans pour le Roi, je me trom-
paffe en faveur de la Compagnie elle-même, fi les années
omifes du côté de la Compagnie étoient mauvaifes pour elle :
la feule inégalité des époques que j'ai comparées, ne peut donc
pas fonder contre moi un reproche de paralogifme ou de mau-
vaife foi.

Mais il y a plus, c'eft qu'en obfervant l'époque fur laquelle
j'ai calculé les retours de la Compagnie, ou plutôt l'année
commune de fes retours, on voit que je me fuis arrêté à l'année 1756, c'eft-à-dire, au commencement de cette même
guerre qui a achevé de ruiner la Compagnie par les dépenfes
qu'elle a faites, les pertes qu'elle a effuyées ; &, ce qui eft plus
important encore, par l'interruption prefque totale de fon commerce de l'Inde, & de fes retours en Europe. Il fuit de-là
que ce n'eft pas pour me donner aucun avantage fur la Compagnie, que je me fuis arrêté à 1756, dans l'énonciation du
produit de fes retours, & qu'au contraire, j'ai vraiment négligé de me fervir ici de tous mes avantages ; que fi j'avois
voulu faire entrer dans mon calcul les treize années de
1756 à 1768, j'aurois eu une année commune de retours de
la Compagnie en marchandifes de l'Inde, beaucoup moindre
que celle que j'ai bien voulu lui paffer. La preuve de cette
propofition va réfulter du calcul fuivant, dans lequel je vais
comprendre, puifque vous le voulez, toutes les années depuis
1725 jufqu'en 1768,

### Produit des Ventes des Marchandifes des Indes, Tiré des Regiftres de la Compagnie.

| | | |
|---|---|---|
| 1756 | Retour des Indes . . . . . . . . . | 4,981,502 l. |
| 1757 | Id. . . . . . . . . . . . . . . | 9,453,910 |
| 2758 | Id. . . . . . . . . . . . . . . | 7,348,186 |
| 1759 | Il n'y a point eu de retour . . . . . | |

1760 { Id. en Janvier . . . . . 687,526 l. } 4,251,190
{ Id. en Septembre . . . 3,563,664 }

| | | |
|---|---|---|
| 1761 | Id. provenant d'anciens retours. . . . | 145,648 |
| 1762 | Id. d'envoi de l'Ifle de France. . . . . | 17,906 |

1763 { Poivre provenant de l'ancienne cargaifon du Vaiffeau l'Achile. . . 184,275 l. } 196,087
{ Caffé de Moka provenant. . d'anciens retours. . . . 11,812 }

| | | |
|---|---|---|
| 1764 | Marchandifes de l'Inde provenant d'anciens retours . . . . . . . . . . | 55,002 |
| 1765 | Id. provenant d'anciens retours . . . . | 1,444 |
| 1766 | Retours des Indes . . . . . . . . | 6,451,048 |
| 1767 | Id. . . . . . . . . . . . . . . | 10,604,259 |
| 1768 | Id. . . . . . . . . . . . . . . | 15,405,805 |
| | . . . . . . . . . . . . . . | 58,911,987 |
| | Prix commun de 1756 à 1768 . . . . | 4,531,691 |

Prix commun des ventes de marchandifes
de l'Inde de 1725 à 1768 inclufivement. 8,276,337 l.

Eh bien, Monfieur, que dites-vous de ce nouveau réfultat du calcul que vous m'avez prefcrit vous-même? Vous me reprochiez d'avoir omis de calculer les retours de l'Inde depuis 1756 jufqu'à 1768, pour arriver à une conclufion plus défavorable à la Compagnie, & il fe trouve que fi je calcule ces treize années que j'ai omifes, l'année commune des retours de la Compagnie en marchandifes de l'Inde, diminue de plus d'un quart, loin d'augmenter. Il fe trouve qu'aulieu que je

H

n'étois contenté de dire que l'État avoit dépensé 10 millions par an pour un commerce rapportant environ 9,846,672 liv. le produit de ce même commerce n'est plus année commune, que de 8,176,337 liv. c'est-à-dire, qu'il est moindre de plus d'un million 600 mille livres de ce que je l'avois estimé. Vous nuisez donc à votre cause loin de la servir, en me faisant cette grande objection, sur laquelle vous avez si fort compté.

Il n'est donc pas vrai, comme vous le dites encore, que *j'aie affoibli la fin par le commencement, & la paix par la guerre.* Comment aurois-je affoibli la fin par le commencement, moi qui ai négligé de compter 9 & 10 années de la fin, dans lesquelles il n'y a eu presque point de retours? Comment aurois-je affoibli la paix par la guerre, moi qui ai excepté précisément 9 ou 10 années de guerre, qui, introduites dans mon calcul, diminuent si considérablement les avantages obtenus pendant la paix?

A la vérité, j'ai négligé en même tems de compter du côté de la Compagnie, les produits des ventes des années de paix 1765, 1766, 67 & 68, qui montent les unes dans les autres à près de dix millions; mais je le demande, en omettant dix années de guerre, devois-je calculer quatre années de paix? En négligeant dix années, pendant lesquelles il n'y a eu presque aucuns retours, devois-je compter quatre années, pendant lesquelles les retours se sont rétablis à-peu-près sur le pied commun?

J'entends bien que les défenseurs de la Compagnie peuvent regretter que je n'aie pas suivi cette méthode de calculer; c'est même leur pratique ordinaire de ne présenter le commerce de la Compagnie, qu'abstraction faite des risques de la guerre. Ecoutez-les encore aujourd'hui, & vous les trouverez toujours raisonnant dans la chimérique supposition d'une paix perpétuelle, comme si la guerre n'étoit pas une maladie périodique du commerce, comme si un Négociant pouvoit estimer raisonnablement ses profits sans en déduire les pertes, & ce qu'il gagne pendant la paix, sans défalquer ce que la guerre lui coûtera. Mais, Monsieur, nous écarterons, si vous le voulez bien, cette maniere de raisonner, puisque nous voulons arriver l'un & l'autre à la connoissance de la vérité, & vous serez forcé de convenir que, dans le calcul de l'année commune du produit des ventes, j'ai choisi une époque plus favorable à la Compagnie, que celle que je pouvois prendre, & que j'ai plutôt augmenté ce produit par de-là ce qu'il est, que je ne l'ai réduit injustement.

Enfin, Monsieur, la derniere infidélité ou négligence que vous me reprochez dans le calcul que j'ai donné du produit des ventes de la Compagnie, est de n'y avoir pas fait entrer le montant des pacotilles. Vous voyez, Monsieur, que je continue de recueillir exactement toutes vos objections.

Je dirai d'abord que c'est une chose singuliere de vous voir défendre le Privilége exclusif de la Compagnie, par les avantages qu'apporte, selon vous, à l'État l'infraction de ce même Privilége, infraction contre laquelle la Compagnie s'est récriée de tout tems avec la plus grande force, qu'elle a cherché à empêcher par toutes sortes de moyens, & même par des moyens que les Employés de la Compagnie ont regardés quelquefois comme violens, bien qu'on puisse dire qu'ils sont justes, d'après la concession une fois faite à la Compagnie du Privilége exclusif. Comment le Privilége est-il utile à l'État en même-tems que l'atteinte qu'on y donne ?

En second lieu, la pacotille elle-même prouve une chose que j'ai avancée en plusieurs endroits de mon Mémoire, & qui est un argument puissant contre l'utilité du Privilége. C'est que la Compagnie a toujours vu son commerce borné par le défaut de fonds. En effet, si la Compagnie avoit assez de fonds, pour charger entiérement ses vaisseaux de marchandises pour l'Inde & pour son propre compte; il est bien clair que ses Officiers & ses Employés ne feroient pas la pacotille, ou ne la feroient pas aussi considérable, puisque les deux ou trois cents tonneaux qui peuvent être remplis par les pacotilles, le feroient pour le compte même de la Compagnie.

En troisiéme lieu, on ne peut faire valoir, en faveur du Privilége exclusif, les retours apportés en pacotilles, qu'autant que ces retours seroient eux-mêmes dus au Privilége exclusif. Or, cette prétention est insoutenable. Le Privilége exclusif peut être considéré dans l'Inde ou en Europe. Quand la Compagnie n'auroit pas de Privilége exclusif, les pacotil-

leurs n'en feroient pas moins leurs achats dans l'Inde, & ne
les en vendroient pas moins en Europe. On dit à la vérité,
que les établissemens même de la Compagnie dans l'Inde,
font favorables aux pacotilleurs qui profitent de ses dépenses,
sans en payer leur part. Mais cela n'est pas exact; il n'est pas
vrai que les pacotilleurs profitent des dépenses de la Compagnie. Ils achettent quelquefois des Marchands mêmes gagés
par la Compagnie; mais le plus souvent des Européens établis
dans l'Inde, tant François qu'Anglois, Hollandois, &c. D'ailleurs les établissemens dont ils profitent, ne sont pas essen-
tiellement liés au Privilége exclusif; ils auroient lieu, quand
même il n'y auroit pas de Privilége.

J'avouerai cependant que je n'ai pas parlé avec exactitude,
en donnant les pacotilles de *retour* comme un objet considérable. Je voulois parler des pacotilles d'*envoi* dans l'Inde, au
départ des vaisseaux; celles du retour causent, dit-on, fort
peu d'encombrement, & ne sont pas de tort à la Compagnie; mais, par cette raison-là même, on ne peut pas me
reprocher de les avoir omises dans le produit des ventes. Quant
à celles d'envois, je n'ai pas dit, comme vous me le reprochez,
qu'un vaisseau de 900 tonneaux emportoit 4 à 500 tonneaux
en pacotille, à son départ d'Europe. J'ai dit qu'il n'en emportoit que 5 ou 600 en marchandises & avictuaillement pour
le compte de la Compagnie, & je crois que cela est vrai.

Enfin, je trouve encore ici un exemple du peu d'exactitude
de votre maniere de raisonner. Vous dites qu'en omettant
dans le calcul des ventes de la Compagnie, le montant des
pacotilles, j'ai négligé de faire appercevoir *un objet considérable*, p. 10. & vous dites vous-même, p. 11. que ces circonstances, d'après lesquelles j'estime la quantité des pacotilles,
sont fort *exagérées*. Les pacotilles ne sont donc pas un objet
considérable; j'ai donc pu négliger de les compter. Il est vrai
que par la même raison, je n'aurois pas dû en faire mention,
pour prouver que les Employés de la Compagnie lui arrachoient
une partie de ses profits. Mais comme je n'ai rien conclu d'important de cette assertion, vous ne pouvez pas trouver un grand
avantage à me la contester.

Il vous est difficile de vous tirer de cette alternative, ou

les pacotilles font confidérables., & en ce cas, elles forment
une objection véritable contre le Privilége, parce qu'au fond
il eſt impoſſible de les empêcher ; où elles font un objet de
peu d'importance, & en ce cas, vous ne pouviez pas me reprocher de n'en avoir pas fait mention. On voit tout votre
embarras, en ce que vous ne vous décidez à aucun de ces
partis ; ou plutôt, vous les prenez tous les deux à la fois, en
quoi vous tombez dans une contradiction manifeſte.

D'après tous les détails qu'on vient de voir, je crois donc
être en droit de rétablir le compte que j'ai donné du produit
des ventes de la Compagnie à 300 millions, & non à 600,
comme vous le prétendez, puiſque je n'ai dû y comprendre
ni les retours de Chine, du Canada, de Guinée & du Sénégal,
ni le montant des pacotilles. Le raiſonnement tiré de la com-
paraiſon des retours de l'Inde, avec la dépenſe faite par l'État
pour le commerce de l'Inde, ſubſiſte donc dans toute ſa force,
& continuera de démontrer à toute perſonne de bonne foi,
l'inutilité & les vices d'un Privilége excluſif, qui a moins
rendu en totalité de retours, qu'il n'a coûté au revenu public ; qui a rapporté un peu plus de neuf millions, & qui en
a dévoré plus de dix qu'il a fallu prendre en impôts pendant
quarante & tant d'années, ſur tous les ordres de citoyens.

Si vous croyez encore qu'on ne peut pas réunir dans un
même raiſonnement un plus grand nombre de faits, de principes & de rapports erronés ; je doute que vous trouviez déformais beaucoup de gens de votre avis.

En ſuivant vos obſervations, je trouve *que vous entreprenez
de prouver que la Compagnie, loin d'avoir été à charge au tréſor du Prince, l'a ſoulagé conſidérablement ; ce que vous éta-
bliſſez ſur deux faits, l'un que les Actionnaires ont verſé dans la
Compagnie des Indes des ſommes conſidérables, au-delà du bien
qui leur reſte ; l'autre que la Compagnie a toujours gagné par les
opérations de ſon commerce.*

Permettez-moi de demander ici à nos lecteurs & à vous-
même, quelle liaiſon vous voyez entre ces deux faits, en les
ſuppoſant auſſi vrais qu'il vous plaira, & la conſéquence que
vous en tirez. Je n'entends rien à ce raiſonnement : *Les Actionnaires ont verſé des ſommes conſidérables dans la Compagnie,*

& la Compagnie a toujours gagné par les opérations de son commerce, donc la Compagnie n'a jamais été à charge au trésor du
Prince. Je prie qu'on life votre page 11, parce qu'on pourroit
me soupçonner de vous prêter un paralogisme si sensible. Est-ce
que, malgré *les versemens qu'ont faits les Actionnaires dans la
Compagnie*, & malgré *les gains qu'elle a faits dans son commerce*,
le Roi ne pourroit pas encore avoir beaucoup dépensé pour
elle? Je le sais, & je l'ai dit comme vous, que les Actionnaires ont fait beaucoup de sacrifices à la Compagnie, & que
les profits du commerce, considérés abstraction faite des frais,
ont toujours été fort grands : mais je n'en ai pas moins vu
& prouvé avec évidence, ou plutôt il n'en étoit pas moins
certain, sans que je le prouvasse, que le Roi a fait de grandes
dépenses pour elle. C'est précisément en cela que l'établissement de la Compagnie est plus vicieux & plus funeste ; en
cela, dis-je, que, malgré les sacrifices qu'ont faits les Actionnaires & les profits d'un commerce qui rendoit de si grands
bénéfices, elle a eu encore besoin de secours continuels du
Gouvernement, & qu'elle a consommé les mises de ses Actionnaires, les profits du commerce & les bienfaits du Roi.
Vous ne défendez donc pas la Compagnie, & vous fournissez
de nouvelles armes contre elle ; vous ne guérissez pas ses
blessures ; vous ne faites que nous montrer mieux toute leur
profondeur.

Quand vous dites que la Compagnie a toujours gagné *par
les opérations de son commerce*, ou vous entendez parler des
opérations de son commerce considérées, abstraction faite de
tous ses frais, ou vous voulez dire que, même ses frais dé-
duits, elle a fait des profits. Dans le premier sens, votre proposition seroit incontestable, jamais je ne l'ai niée. Il est bien
clair que là où l'on trouve un bénéfice de 70 ou 80 p. $\frac{1}{2}$ de
l'achat à la vente, le Négociant gagne *par les opérations de son
commerce*, considérées en elles-mêmes, & abstraction faite des
frais. Mais si ce commerce consume en frais encore plus qu'il
ne rend, si les capitaux s'y détériorent continuellement, si
au bout de quarante ans, on trouve consumées des sommes
immenses en bénéfices, en secours du Gouvernement, &c.
ces opérations de commerce par lesquelles on gagne, ne

feront-elles pas mauvaifes & mal entendues, & pourra-t-on les juftifier?

« La Compagnie, dites-vous, a employé les fonds que les
» Actionnaires ont verfés dans fa caiffe, & les bénéfices de fon
» commerce à former fes premiers établiffemens au Canada, à
» la Louifiane, à la Chine, à Surate, à Mahé, à la Côte Mala-
» bar, à Moka, au Bengale & à la Côte de Coromandel, au
» Sénégal & en Guinée, aux Ifles de France & de Bourbon; &
» en un mot, à faire toutes les dépenfes de Souveraineté. Or,
» fi le commerce que la Compagnie a exercé exclufivement
» avoit été abandonné aux Particuliers, toutes ces dépenfes au-
» roient été à la charge du Gouvernement: la Compagnie, loin
» d'avoir été à charge au tréfor du Prince, l'a donc foulagé con-
» fidérablement ». Voilà, Monfieur, ce que vous appellez un
raifonnement très-fimple, & voilà ce que j'appelle un pur
fophifme où tout eft confondu, & rien n'eft prouvé. Voyons
qui de nous deux a raifon.

Le premier défaut que j'y trouve, eft que vous y abandonnez entiérement la caufe des Actionnaires. Je dis aux Actionnaires, qu'il n'eft pas de leur intérêt de continuer le commerce,
parce que le commerce les ruine; & vous répondez que la
Compagnie a confumé les fonds de fes Actionnaires & les
profits qu'ils auroient pû attendre en dépenfes de Souveraineté. Vous vous demandez à vous-même, *tous ces fonds & ces
profits que font-ils devenus ? à quoi ont-ils été deftinés ?* Et vous
répondez, *à foulager le tréfor Royal.* Je voudrois qu'on m'ex-
pliquât comment des Actionnaires ont pu trouver cette réponfe bonne. Car de bonne foi, je ne le comprends point.
Eft-ce que l'objet des Actionnaires, c'eft-à-dire, d'Affociés à
une entreprife de commerce, peut jamais avoir été de foulager
le tréfor Royal & de faire des dépenfes de Souveraineté ?

En fecond lieu, s'il s'agiffoit ici de redemander à la Compagnie toutes les fommes qu'elle a abforbées dans fon commerce, pour les reftituer à l'État qui les répéteroit, ce détail
de l'emploi qu'elle en a fait pourroit lui fervir de défenfe.
Car ces fommes, en les fuppofant employées pour l'État, ne
pourroient être répétées par l'État. Mais perfonne n'a jamais
penfé à une pareille reftitution, quoique vous m'en attribuiez

le projet. On dit que la Compagnie s'eſt ruinée en exploitant
ſon Privilége excluſif, & vous nous montrez en détail à quoi
elle s'eſt ruinée; Je le ſavois comme vous, & perſonne ne
l'ignore; mais à quelque uſage qu'elle ait diſſipé ſes capitaux,
toujours eſt-il vrai qu'elle s'eſt ruinée & qu'elle a coûté des
ſommes immenſes à l'État. Or une Compagnie de commerce
qui ſe ruine, pour quelque ſujet que ce ſoit, & qui cauſe à
l'État une dépenſe ſi conſidérable, eſt toujours un mauvais
établiſſement; parce que, de ſa nature, une Compagnie de
commerce doit ſe ſoutenir par ſes propres forces, & faire
même des profits, ſous peine d'être un mauvais établiſſement.

J'oppoſerai donc une réponſe bien ſimple à votre raiſonnement & à l'énumération pompeuſe que vous faites de toutes
les grandes choſes opérées par la Compagnie. Vous me dites,
la Compagnie a fait des établiſſemens nombreux. Je réponds,
mais elle s'eſt ruinée. Elle a créé la Ville de l'Orient, mais
elle s'eſt ruinée. Elle a bâti Pondichery, mais elle s'eſt ruinée; des Arſenaux, des Egliſes, des Hôpitaux, &c. mais
elle s'eſt ruinée. Rien ne peut tirer la Compagnie de ce dé-
troit: s'eſt-elle ruinée par ordre exprès du Gouvernement?
Il faudra la regarder comme un mauvais établiſſement ſous
un tel Gouvernement, ſe hâter de la diſſoudre & ſe bien
garder d'en faire une nouvelle, par la raiſon que perſonne
ne peut garantir qu'elle ne ſe ruinera pas encore, par ordre
du Gouvernement.

En ſe ruinant, a-t-elle épargné au Gouvernement des dépenſes qu'il auroit faites? Elle eſt encore un mauvais établiſſement, parce qu'une Compagnie de commerce ne doit pas
ſe ruiner, même pour le Gouvernement. Elle doit avoir pour
objet unique le bien de ſes Actionnaires, la conſervation &
l'accroiſſement de leur capital. Elle a donc toujours tort, lorſqu'elle ſe ruine, ou du moins elle a le tort d'avoir été établie,
& les Défenſeurs de la liberté du commerce ne diſent rien
autre choſe.

En troiſieme lieu, parcourons ces différens objets des travaux & des dépenſes de la Compagnie, & on verra diminuer
l'admiration que vous voulez inſpirer pour elle.

La Compagnie a formé l'établiſſement du Canada. On ſait
dans

dans quel état de foibleſſe cette Colonie eſt demeurée ſous l'Empire du Privilége excluſif. C'eſt au moins en grande partie à cette foibleſſe, que nous ſommes redevables de la perte que nous en avons faite.

La Louiſiane a été entre les mains de la Compagnie: Cet établiſſement eſt encore dans l'enfance, tandis que les Colonies Angloiſes qui l'avoiſinent, ont pris des accroiſſemens prodigieux.

La Compagnie a formé un établiſſement à Surate. Elle en a été chaſſée.

A Mahé & à la Côte de Malabar, ce commerce lui a toujours été à charge. L'établiſſement étoit donc mauvais.

A Moka, il n'y a qu'une Loge, & ce commerce pourroit ſe faire même ſans établiſſement, ou par la Méditerranée & Marſeille.

Au Sénégal & en Guinée, ces établiſſemens n'avoient aucune ſolidité, comme il y a bien paru, par la facilité avec laquelle elle les a perdus. Tant qu'elle a exercé cette partie de ſon Privilége, le commerce des Noirs a été preſque nul, & nos Colonies de l'Amérique dans la foibleſſe & la langueur.

Elle a créé les Iſles de France & de Bourbon. Il faut comparer ce que ces Colonies ſont à ce qu'elles pourroient être, avec un ſol fertile & une ſituation unique. La Compagnie n'a fait à ces deux Iſles, très-ſtrictement & très-rigoureuſement que le bien qu'elle n'a pû ſe diſpenſer de leur faire, pour le ſoutien de ſon Privilége excluſif, & ce bien n'eſt pas la dixiéme partie de celui qu'elles auroient pu recevoir du commerce libre. Tous les gens inſtruits en conviennent, & quoique vous paroiſſiez ſuppoſer le contraire, je ne prendrai pas la peine d'argumenter ſur cela. L'Iſle de France n'ayant pas encore ſa ſubſiſtance aſſurée, obligée de tirer ſes beſtiaux de Madagaſcar, ſans pâturages, ou ſans pâturages formés avec intelligence, dépouillée de ſes bois, ſans commerce, &c; l'Iſle de Bourbon réduite à la ſeule production des caffés d'une qualité inférieure à celle qu'ils pourroient avoir, ne ſont pas des témoignages qu'on puiſſe faire valoir avec tant d'emphaſe en faveur de la Compagnie.

Elle a formé un établiſſement à la Chine. C'eſt abuſer du

I

mot. Son comptoir à la Chine n'eft pas un établiffement.

Refte fes établiffemens de la Côte de Coromandel & du Bengale, perdus par la guerre avec tous fes magafins, & aujourd'hui plus que jamais fources de nouvelles dépenfes pour les rétablir, & de nouvelles guerres & d'une nouvelle ruine, lorfqu'elle en fera venue à bout.

On dira que nous jugeons ici par l'événement. Sans doute. Et connoît-on une maniere plus fûre & plus jufte de juger dans la queftion dont il s'agit? La Compagnie a fait, nous dit-on, de grandes chofes, nous les cherchons, il n'en refte rien, & elle eft ruinée. Je répéte, la Compagnie eft donc un mauvais établiffement.

4° Suppofons que toutes ces dépenfes euffent été d'une utilité durable & vraie, pour en tirer quelque conféquence en faveur de la Compagnie & de fon Privilége exclufif, il faut encore ajouter, que toutes ces dépenfes auroient été faites par le Gouvernement, fi le commerce n'eut pas été exclufif. Vous énoncez légérement cette affertion, comme fi elle n'avoit pas befoin de preuve, tandis qu'elle eft dénuée de tout fondement, & felon moi d'une fauffeté manifefte.

Je foutiens au contraire que, fans le Privilége exclufif, ces dépenfes, ou du moins la plus grande partie d'entre elles, n'auroient pas été néceffaires pour le commerce particulier, comme elles l'étoient pour l'exploitation du Privilége; & que celles qui auroient été néceffaires fe feroient faites par le commerce particulier, ou à fes dépens, fans charge pour le Gouvernement.

Il n'auroit pas fallu de Forts à la Côte d'Afrique, & nos Colonies n'en euffent pas moins été approvifionnées de Noirs, ou plutôt elles en euffent eu en plus grande abondance fans Forts, par le commerce particulier, que par la Compagnie privilégiée avec tous fes Forts. C'eft ce que l'événement a démontré. Sans Forts, à Mahé & à Moka on n'en auroit pas moins fait le commerce des poivres & du caffé. On fe feroit paffé d'une place forte à la Côte de Coromandel, on n'auroit eu à payer ni les Fortifications d'une Ville qui, felon vous-même, *a excité l'envie des autres nations*, *& a été convertie en un monceau de ruines*, ni le fafte afiatique d'un chef de comptoir marchand, ni les dépenfes de tous les genres, néceffaires jufqu'à un certain point à une grande Compagnie de commerce, quoique toujours nuifibles au commerce ; & cependant le commerce fe feroit fait fans Compagnie, parce que le commerce particulier & libre fe feroit toujours procuré à lui-même les moyens qui lui étoient néceffaires, & qu'il eut trouvé l'art de fe pafler de ceux-là.

Vous me taxez de raifonner fur des poffibilités, lorfque j'allégue cent exemples des grands effets de la liberté, & fur quel fondement affurez-vous que le commerce particulier eût coûté à l'État une fomme égale à celle que la Compagnie a reçue du tréfor Royal & confumée ? Quoi ! fi le commerce particulier eût été libre, le Roi eut fait les dépenfes qui ont été faites à Pondichéry ; il eut élevé un Palais au Gouverneur ; il lui eut donné une Garde, &c. ; il eut fait les dépenfes de Paris & de l'Orient. Vous vous mocquez, Monfieur, de nous donner ces affertions comme prouvées, & d'établir fur cette bafe, votre défenfe de la Compagnie, lorfqu'on lui reproche d'avoir été à charge à l'État.

5° Une autre obfervation à faire fur l'énumération pompeufe que vous faites des grandes chofes opérées par la Compagnie, eft que vous pourriez employer cette arme pour défendre des Priviléges exclufifs, dont vous-même ne conteftez pas les vices & l'inutilité.

Suppofons que le commerce des Ifles de l'Amérique fut encore chez nous, attribué à une Compagnie privilégiée : après plufieurs années de l'exploitation de ce Privilége, on pourroit fans doute indiquer quelques biens particuliers opérés par le commerce, même exclufif ; on y trouveroit quelques forts, quelques magafins ; il y auroit un certain degré de culture, de richeffe & de population. Alors les Défenfeurs du Privilége exclufif, attaqués par les Partifans de la liberté du commerce, diroient avec vous : *Je ne défendrai la Compagnie qu'en préfentant les faits qui parlent pour elle ; je n'entreprendrai point de les énumérer, la France & l'Europe en font également les témoins. C'eft cette Compagnie qui a changé la Martinique, la Guadeloupe, &c. en Ifles commerçantes & cultivées, qui vient d'ap-*

I ij

*porter dans le Royaume tous les sucres & tout l'indigo, dont l'écoulement paroît possible en France, qui nourrit quatre mille Matelots, &c.* A quoi ils ajouteroient encore avec vous, *qu'on éleve à son gré la puissance du commerce particulier, qu'on vante ce qu'il eut fait; je ne le contesterai point. Ce seroit répondre à des possibilités, & cette guerre d'imagination ne convient pas à notre sujet.* La réponse que vous donneriez vous-même à ce raisonnement, je m'en servirai contre vous.

6º Le commerce particulier auroit fait d'une maniere peut-être plus étendue & plus solide, toutes les grandes choses que vous attribuez à la Compagnie. Il eut formé des établissemens, ouvert des branches de commerce inconnues, fondé & enrichi des Colonies. Il eut fait, entre les mains des François, ce qu'il a fait entre les mains des Portugais, qui ont acquis des possessions immenses dans les deux mondes sans Compagnies exclusives. Il eut fait en Asie ce qu'il a fait en Amérique, dans les Isles & dans le continent Septentrional. Il eut fait ce qu'on lui a toujours vu faire, lorsqu'on l'a laissé agir en liberté.

Vous appellez ces espérances de ce qu'auroit fait le commerce particulier, des possibilités; & les discussions sur cet article, une guerre d'imagination qui ne convient pas au sujet.

Mais, Monsieur, on ne peut pas appeller possibilité l'exemple de ce que nous avons sous nos yeux en tant de manieres différentes. Je sais bien que, puisque le commerce de l'Inde n'a jamais été libre, le bien que peut faire la liberté dans le commerce de l'Inde, n'est encore en un sens, qu'une possibilité. Mais c'est un fait, & un fait bien clair & bien incontestable; que les avantages de la liberté dans tous les autres genres de commerce; & ce fait nous autorise à regarder la possibilité du commerce particulier dans l'Inde comme suffisamment prouvée, pour détruire un établissement qui s'y oppose.

Oui, Monsieur, tous les faits qui présentent quelques avantages qu'a pu apporter la Compagnie, ne prouvent rien contre la simple possibilité de ceux que le commerce particulier auroit procurés. Elle vient d'apporter toutes les marchandises de l'Inde dont la France a besoin: le commerce particulier les auroit apportées comme la Compagnie. Elle nourrit quatre mille Ma-

telots & un nombre infini de ferviteurs; le commerce particulier en nourriroit davantage. Elle forme des Officiers de marine; eft-ce que la navigation marchande n'en formeroit pas?
Jean Barth, du Guay Trouin ont été élevés à cette école. Elle
admet le Cultivateur & le Manufacturier dans fes achats, le
commerce particulier auroit acheté du Cultivateur & du Manufacturier. Quant à l'*admiffion* qu'elle veut bien faire *des Négocians dans fes ventes*, les Négocians particuliers qui iroient
dans l'Inde, accorderoient aufli la même grace aux Négocians
du Royaume qui fe préfenteroient pour acheter leurs retours.

Je crois, Monfieur, que ces obfervations font plus que
fuffifantes, pour vous enlever tout l'avantage que vous prétendez retirer des dépenfes que la Compagnie a faites dans
fes établiffemens. Je ne me flatte pas cependant de convertir
ceux qui voudroient continuer d'admirer ce qu'a fait la Compagnie, & qui fermeroient les yeux aux biens infiniment plus
grands que le commerce libre apporte à une Nation. Il y a une
grande différence entre vous & moi à cet égard; c'eft qu'on
peut compter & montrer au doigt quelques effets que le commerce a produits entre les mains de la Compagnie, & que les
avantages du commerce particulier ne peuvent ni fe diftinguer ni fe calculer, parce qu'ils font le produit *du commerce
de la Nation, & un produit incalculable précifément parce qu'il eft
trop grand*.

J'ajouterai pourtant encore une réflexion fur ce que vous
dites des dépenfes de la Compagnie en frais de Souveraineté,
dont vous prétendez qu'elle a foulagé le tréfor Royal.

Vous n'expliquez pas clairement ce que vous entendez par
dépenfes de Souveraineté, & l'obfcurité qui enveloppe cette
expreffion vous eft favorable.

Les objets des dépenfes de la Compagnie font de deux
fortes. Les frais d'établiffemens & les frais de guerre; les frais
d'établiffemens ont été des fuites néceffaires de fon Privilége
exclufif. C'eut été fans doute au Gouvernement la plus grande
des folies de donner un Privilége exclufif, & de fe charger
en même-tems des frais d'établiffemens. Vous-même avec tous
les Défenfeurs des Priviléges exclufifs, vous convenez *que le
Gouvernement fupplée par le Privilége aux fecours d'argent qu'il*

*ne peut pas fournir*, pag. 6. L'exclufif & l'avantage qu'il procure aux Entrepreneurs qui en font en poffeffion, doivent donc leur tenir lieu de toute efpece de fecours de la part du Gouvernement, pour les frais des établiffemens néceffaires à l'exploitation du Privilége.

Les Privilégiés ne peuvent donc en aucun cas faire valoir les frais de leurs établiffemens contre le Gouvernement qui leur a accordé le Privilége; & fi ce Gouvernement, par foibleffe ou par quelqu'autre caufe que ce foit, a fait pour eux des dépenfes confidérables, ils ne feront jamais en droit de dire que ces fecours ne font pas une faveur abfolument gratuite, ni de nier qu'ils ayent été à charge au Gouvernement, fous prétexte qu'ils ont dépenfé à former leurs établiffemens, ces mêmes valeurs que l'État leur a fournies. Cela eft de toute évidence, même d'après vos propres aveux.

D'ailleurs, pour tirer quelque avantage des dépenfes que la Compagnie a faites en frais d'établiffemens, il vous faudroit prouver deux chofes: l'une que ces frais d'établiffemens, tels qu'ils ont été faits par la Compagnie, auroient été néceffaires au commerce particulier; l'autre, que le commerce particulier, ou le Roi aidé des droits que pourroient payer les commerçans, n'auroient pas pu les faire, fans que le Tréfor-Royal eût été grévé de ces mêmes dépenfes. Nous venons de voir que vous ne prouvez ni l'une ni l'autre de ces propofitions, dont la fauffeté, ou au moins l'invraifemblance font manifeftes.

Pour les frais de la guerre, dont elle a, dites-vous, foulagé le tréfor du Prince, & qui devoient être faits par lui, la juftice & la raifon demandoient que vous énoncaffiez du moins à peu-près à quelle fomme fe font montées ces dépenfes de guerre, diftinguées des frais d'établiffement.

Pour les feuls frais de la derniere guerre, il en a coûté au Roi quatre-vingt-cinq millions. Vous auriez dû dire ce que la Compagnie avoit dépenfé de fon côté en frais de guerre; vous pouviez en prendre connoiffance en un moment dans les livres de la Compagnie, que vous pouvez confulter avec bien plus de facilité que moi. Il étoit néceffaire de fixer tous ces objets, d'articuler à peu-près les fommes auxquelles ils ont pu monter ; afin de nous mettre en état de décider fi le Roi en étoit vraiment redevable à la Compagnie, & s'il ne les a pas payés abondamment ; mais cet ordre ; cette clarté n'auroient pas été favorables à la Compagnie.

Vous auriez dû encore prouver que ces frais de guerre, quels qu'ils foient, faits par la Compagnie elle-même, & ceux que vous ne niez pas, que le Roi a faits de fon côté, euffent eu lieu dans le cas du commerce particulier & libre, & c'eft une chofe fur laquelle aucun homme inftruit & raifonnable ne vous auroit cru.

Le commerce aux Ifles de l'Amérique eft certainement d'une toute autre importance pour l'État, que celui de l'Inde. Or ces Colonies, depuis 1725 qu'elles ont quelque exiftence, n'ont pas coûté à l'État en frais de guerre, autant que le commerce de l'Inde ; encore cette dépenfe a-t-elle été faite pour une poffeffion territoriale : quant à toutes les autres branches de commerce du Royaume ; je ne crains pas de dire que tous les frais de guerres maritimes faits pour chacune d'elles depuis 40 ans, n'égalent pas les feules dépenfes faites pour la Compagnie dans la derniere guerre, qui a cependant fini par la perte de tous nos établiffemens dans l'Inde.

Cette prétendue néceffité où l'État auroit été, felon vous, de faire les mêmes dépenfes de guerre, fi le commerce eut été libre, eft fondée fur une néceffité auffi mal prouvée, d'avoir pour le commerce de l'Inde des poffeffions territoriales & des établiffemens militaires.

Les poffeffions territoriales font précifément la fource d'où eft dérivée la ruine de la Compagnie Françoife, & d'où viendra, tôt ou tard, celle de la Compagnie Angloife ; ce font ces poffeffions qui excitent la jaloufie des Nations de l'Inde, & qui précipitent les Européens dans des guerres & des dépenfes qui abforbent les produits du commerce, &, bientôt après, les produits mêmes du territoire. Une Compagnie commerçante & conquérante, eft un monftre qui ne peut ni vivre long-tems, ni fe reproduire. Si l'on peut révoquer en doute l'utilité des conquêtes, même pour un État politique, à plus forte raifon peut-on ne pas croire à l'utilité des conquêtes d'une Compagnie commerçante pour un État politique. Que veut dire d'ailleurs cette nécessité des conquêtes, pour soutenir le commerce? Par quelle raison faut-il, pour acheter des toiles dans le Bengale & à la Côte de Coromandel, & pour porter à ces peuples des objets de leurs defirs & de leurs besoins, avoir chez eux des territoires, objet éternel de jalousie de leur part? Que si l'on dit que le revenu des territoires est nécessaire, pour soutenir le commerce & pour fournir aux dépenses qu'il exige, je dirai que cela peut être vrai du commerce des grandes Compagnies, & qu'il en résulte même une objection terrible contre ces établissemens; mais que cette assertion seroit démentie par cent faits contraires, si on vouloit l'appliquer au commerce libre & particulier.

Quant aux établissemens militaires, forts, troupes, &c. je dirai d'après l'Auteur d'un ouvrage Anglois, dont on trouve la traduction dans le *Journal Économique*. Décemb. 1755.

« S'il est nécessaire d'avoir des forts, comment les Commer-
» çans de Bristol & de Liverpool se soutiennent-ils le long
» de la Côte de la Guinée sans forts, quoique les Naturels y
» soient beaucoup plus barbares & plus guerriers que les Peu-
» ples de l'Inde?

» S'il est nécessaire d'avoir des forts, comment se peut-il
» faire aussi que nous ayons été si allarmés, il y a quelques
» années, de la Compagnie d'Ostende, qui n'avoit ni forts,
» ni desseins d'attaquer les nôtres? Cependant il est très-clair
» qu'elle a pu faire le commerce, & même vendre à meilleur
» compte que la Compagnie Angloise des Indes Orientales
» malgré nos forts. Les mêmes craintes se sont encore renou-
» vellées à l'occasion de la Compagnie d'Embden, établie par
» le Roi de Prusse. Si l'on accordoit maintenant la liberté du
» commerce, & qu'on n'imposât d'autres conditions aux par-
» culiers, que celles de ne point entrer dans les ports où les
» Compagnies ont des forts; les Compagnies seroient bientôt
» ruinées, & les commerçans particuliers, quoique dépourvus
» de forts, leur enleveroient tout le commerce.

» L'affaire de Madras, ajoûte cet Écrivain, (il parle de
» la prise de Madras dans l'avant-derniere guerre) nous a
» suffisamment ouvert les yeux sur l'importance & l'utilité
» de ces prétendus forts, & sur les avantages que la Nation

» en

» en retire. A l'égard des forts de la Baye d'Hudfon, le Pere
» Charlevoix remarque, dans fon *Hifloire du Canada*, que
» quand un vaiffeau chargé de cinquante hommes a paru de-
» vant le meilleur de ces forts, le Gouverneur Anglois s'eft
» rendu, fans tirer un coup de fufil. C'eft ainfi que les forts,
» entre les mains des Compagnies exclufives, ont défendu
» l'honneur, & maintenu le commerce de la Grande-Bre-
» tagne».

Nous pourrions confirmer ici le raifonnement de l'Auteur
par l'exemple de la perte entiere des établiffemens François
dans l'Inde, dans la derniere guerre.

J'ajouterai encore, pour prouver l'inutilité des établiffemens
militaires, une raifon tirée de la nature & de la marche du
commerce particulier.

Dans une guerre, le commerce particulier & libre qui peut
échapper à fes fureurs, fe continue ; celui qui ne peut fe fuivre, ceffe ; mais fes dépenfes ceffent auffi. Les capitaux qu'on
y auroit employés fe portent vers d'autres emplois, ouvrent
d'autres fources de richeffes, & peut-être que par-là, les vuides
que la guerre caufe dans les profits d'un genre de commerce
font à peu-près remplis. La guerre ceffe-t-elle ? le commerce
reprend fon activité, fi les bénéfices font affez grands pour
attirer les capitaux : tout trouve fa place, parce que tous les
mouvemens font libres, & les capitaux d'une Nation ne dépériffent pas par des dépenfes folles, faites pour foutenir un
commerce exclufif, qui, pendant la guerre, ne fe fait pas plus
que le commerce particulier, malgré tous les efforts du Gouvernement, & qui fe trouve à la paix ruiné, par les dépenfes
conftantes auxquelles il a été obligé pendant la guerre. Ces
vérités font d'une évidence frappante.

Vous terminez, Monfieur, l'énumération des grandes chofes, qu'a faites, felon vous, la Compagnie par cette phrafe :
*Voilà les dommages que la Compagnie des Indes a caufés au Tré-*
*for-Royal ! Voilà fes crimes envers l'État !*

Perfonne, je crois, n'accufe la Compagnie de crimes envers l'État, & c'eft bien inutilement que vous prenez la
peine de la laver de reproches qu'on ne lui fait point : mais il

K

n'en est pas de même des dommages qu'elle a causés au Trésor-Royal, c'est-à-dire, des sommes qu'elle en a tirées. Je les ai énoncées, Monsieur, ces sommes; j'ai dit qu'il avoit été porté du Trésor-Royal à la caisse de la Compagnie, en 40 années, 376 millions, sans compter 85 millions pour les frais de la deniere guerre. Vous ne niez pas ce fait; vous ne pouvez pas nier non-plus que ce ne soit un grand dommage causé au Trésor-Royal, que d'y puiser 376 millions en 40 ans, pour quelque cause que ce puisse être. La Compagnie a donc *causé* de véritables *dommages* au Trésor-Royal. Ce raisonnement me paroît prouver contre la Compagnie, plus que ne prouve en sa faveur votre exclamation: *Voilà les dommages que la Compagnie a causés au Trésor-Royal! Voilà ses crimes envers l'État!*

Je crois avoir suffisamment répondu à ce que vous dites des grands avantages que la Compagnie a apportés à l'État, me voici arrivé à l'article *des droits des Actionnaires;* & je dois ajouter ici de nouvelles explications à ce que j'ai déja dit plus haut sur ce sujet.

Vous attaquez ce que j'avois avancé, que la Compagnie a reçu du Roi en 44 années 376 millions qui ne lui étoient pas dûs. Vous remarquez que la somme de 376 millions que vous ne niez pas être sortie du Trésor Royal, & avoir été donnée à la Compagnie ( à quelque titre que ce soit, comme grace ou comme dette ) est composée de quatre articles principaux.

Ce que la Compagnie a reçu de la Ferme du tabac jusqu'en 1747, l'augmentation de son contrat à cette époque, & par conséquent les arrérages des rentes du nouveau contrat jusqu'en 1769, les droits de tonneaux, les actions & les billets d'emprunts cédés par le Roi en 1764.

Ecoutons ce que vous dites sur ces différens objets.

Sur le premier, j'avois dit que la Compagnie avoit reçu la Ferme du tabac *pour lui tenir lieu de 2 millions 700 mille livres*, ce sont les termes de l'Arrêt; qu'elle avoit reçu 7 à 8 millions depuis 1725 jusqu'en 1747; ce qui est constant & avoué; & par conséquent environ 130 millions de plus que ce qu'elle auroit dû recevoir , & que cette somme devoit être regardée comme donnée gratuitement par le Roi pour le soutien du commerce de l'Inde.

Vous opposez à ce calcul si incontestable & à la conséquence si claire que j'en tire, *qu'immédiatement après la phrase que je cite, il y en a une autre que je ne cite pas* ; cette phrase est, *sans néanmoins que ladite évaluation puisse opérer aucune garantie, recours ou autre action contre ladite Compagnie en cas de plus de valeur des bénéfices dudit Privilége. Ce paragraphe*, ajoutez-vous, *est décisif dans la question dont il s'agit.*

Quoi, Monsieur, c'est-là toute la preuve que vous avez à donner que la Compagnie n'a pas reçu du Roi à titre de faveur de ce seul article 130 millions.

Ma réponse est bien facile. Je n'ai pas dû citer ce paragraphe, parce qu'il n'a aucun rapport à la question dont il s'agit entre vous & moi. Qu'importe en effet cette phrase & l'omission que j'en ai faite à la question que nous traitons? elle ne change rien à l'état des choses. Elle n'empêche pas que 130 millions ne soient 130 millions, & qu'ils ne soient en excédent de la rente de 3 millions que le Roi devoit à la Compagnie.

C'est ce que je vais faire entendre par un exemple sensible. Supposons un propriétaire de terre, qui devant un capital de 9 mille francs à un de ses Vassaux, lui abandonne pour neuf ans une Ferme rapportant mille francs de produit au moment qu'il la lui céde, mais pouvant en rapporter beaucoup d'avantage. Supposons aussi que ce propriétaire, pour assurer cette cession à son créancier, fasse insérer dans l'acte la clause suivante, *sans néanmoins que la modicité du prix actuel du bail, puisse opérer aucun recours ou action contre ledit Fermier à raison de la plus grande valeur des bénéfices de ladite Ferme.*

Imaginons encore que le nouveau possesseur de ce Domaine l'afferme mille écus : il est clair qu'au bout de neuf ans (mis à part l'intérêt de l'argent pour ne pas compliquer la question) ce créancier de notre propriétaire aura gagné au marché 18 mille livres, sa créance payée. Si le propriétaire alors disoit à son créancier, *je ne vous redemande point ce que vous avez gagné à l'arrangement que j'ai pris pour vous payer ma*

K ij

*dette , mais avouez que j'ai perdu & que vous avez gagné* 18 *mille francs au marché.* Notre créancier auroit-il bonne grace de contefter la réalité de cette perte pour le propriétaire & de ce profit pour lui, en renvoyant à la claufe de la ceffion?

Pourroit-il dire avec quelque ombre de raifon que ces 18 mille livres ne font pas une faveur gratuite, une valeur qui ne lui étoit pas dûe, parce qu'il a été ftipulé *que la plus grande valeur des bénéfices n'opéreroit aucun recours contre lui?*

Ce n'eft pas là une comparaifon, c'eft la chofe même. La Compagnie a reçu du Roi la Ferme du tabac *pour lui tenir lieu de deux millions* 700 *mille livres*, & 300 mille livres annuelle-ment pour completter les 3 millions de revenu de fon capi-tal de 100 millions à 3 p. $\frac{0}{0}$, comme le créancier de notre pro-priétaire a reçu une ferme pour lui tenir lieu de 9 mille francs en neuf ans. La Compagnie a retiré de la Ferme du tabac 7 à 8 millions pendant 22 ans, au lieu de 3,000,000 liv. comme le créancier de notre propriétaire a retiré de la Ferme trois mille livres pendant neuf ans au lieu de mille livres. La Compagnie a donc gagné environ 130 millions, comme notre créancier a reçu 18 mille livres de plus qu'il ne lui étoit dû.

En confidérant cette phrafe que je n'ai pas citée, on s'ap-perçoit qu'elle n'a de rapport qu'à une queftion dont vous fup-pofez fauffement qu'il s'agit, mais non pas à celle dont il s'agit réellement.

Vous fuppofez toujours qu'il s'agit d'une *recherche*, d'une *répétition* de la part du Roi, & d'une *reftitution* de la part de la Compagnie. Ce font vos termes. Dans cette fuppofi-tion, on pourroit m'objecter en effet l'omiffion de la claufe que vous rapportez, parce qu'elle exclut toute demande en reftitution. Mais je n'ai ni dit ni donné à entendre en aucun endroit de mon Mémoire que le Gouvernement pouvoit faire reftituer à la Compagnie les 130 millions qu'elle a reçus fur la Ferme du tabac, de plus que ce qui lui étoit dû. Je protefte de toutes mes forces contre cette imputation à laquelle je n'ai pas donné le moindre prétexte.

Cette reftitution n'ayant jamais été prétendue par perfon-ne, il ne fauroit en être queftion ici.

Je ne vous dirai donc pas, Monfieur, que ce paragraphe

que vous prétendez renfermer *un titre formel*, n'est qu'une clause de faveur qu'on employe tous les jours, & qui n'empêche
pourtant pas les recours & toute autre action, lorsque la lésion est grande & manifeste. Je me contente de vous répéter
que cette clause, en lui donnant toute la force qu'il vous plaira, ne peut jamais empêcher que la Compagnie n'ait reçu de
la seule Ferme du tabac, de 1725 à 1747, 130 millions qui
ne lui étoient pas dûs.

Vous prétendez que le *titre formel* que renferme cette clause *est appuyé sur l'équité, parce que la Compagnie ayant couru
le risque de perdre avoit acquis le droit de gagner.*

Justifieriez-vous ainsi le profit qu'auroit fait un Fermier sur
un bail passé à moins de la moitié de sa valeur? Si un propriétaire vouloit résilier un bail ou rompre une convention
dans laquelle il auroit donné une valeur de 800 liv. pour ac-
quitter une dette de 170 livres, comme le Roi a donné 8 millions pour 2,700,000 livres, le condamneriez-vous, lui diriez-
vous que son Fermier ayant couru le risque de perdre, avoit
acquis le droit de gagner? Les loix accordent cependant au
propriétaire la résiliation, dans des cas bien moins favorables,
& des restitutions dans les cas de lésion, d'outre moitié.

Mais encore une fois, quand il y auroit eu de la part de
la Compagnie une possibilité de perdre, quand cette possibilité rendroit son titre incontestable & sacré, cela ne feroit
rien du tout à la question & ne combattroit aucune de mes
assertions, parce que je n'ai pas supposé le Gouvernement demandant aucune restitution ni même aucune résiliation fondée sur la seule raison que la convention lui est onéreuse. Je
ne dis rien autre chose, sinon que la Compagnie a reçu du
Gouvernement des secours qu'on ne lui devoit point, & quant
à la continuation de ces secours, je ne l'ai attaquée que dans
une supposition qu'il dépend des Actionnaires d'éloigner absolument. Je ne l'ai attaquée qu'au cas qu'ils se refulassent à
une condition juste & que leur droit paroît supposer, qui ne
peut d'ailleurs leur être onéreuse, & qu'ils peuvent remplir
avec la plus grande facilité. Or, le droit que la Compagnie
avoit de gagner, parce qu'elle avoit couru le risque de perdre, ne combat aucune de ces prétentions.

Vous dites encore que la convention de la Compagnie avec le Roi auroit paru moins fusceptible de critique, si j'avois fait mention des dépenses considérables que la Compagnie avoit faites pour mettre la Ferme du tabac en valeur. Ce reproche est aussi peu fondé que le précédent.

Les 7 à 8 millions que la Compagnie a retirés de la Ferme du tabac depuis 1745 jusqu'en 1747, ne sont, Monsieur, que *le produit net* qu'elle en a eu, c'est-à-dire, puisqu'il faut expliquer des choses si claires, ce que cette Ferme lui a valu, tous frais prélevés & toutes dépenses payées; je ne devois donc pas faire mention de ces dépenses qui se trouvoient payées à la Compagnie annuellement sur les produits, indépendamment des 7 à 8 millions.

Il est bien dit dans l'Edit de 1747 que la Compagnie *a dépensé des sommes considérables* pour mettre la Ferme en valeur, *sommes qu'elle auroit pû employer dans son Commerce*; mais non pas qu'elle ne se soit pas remboursée sur la chose même annuellement. La seule perte que ces dépenses pourroient avoir causée à la Compagnie, est celle du bénéfice qu'on prétendroit qu'elle auroit pû faire sur ces mêmes fonds employés dans son commerce, & c'est ce que le Roi veut dire; mais ce n'est pas là sans doute la dépense dont vous vouliez que je fisse mention, puisque ce n'est pas une dépense, mais un gain qu'elle n'a pas fait. Or la Compagnie s'est remboursée de toutes les autres sur le produit même de la Ferme, indépendamment des 7 à 8 millions, puisque ces 7 à 8 millions ne sont que le produit *net* qu'elle en a retiré.

Vous trouvez, Monsieur, que *ma jurisprudence est un peu singuliere, en ce que les pertes que la Compagnie a faites aux Indes, je les lui laisse en entier, & que les bénéfices qu'elle a faits sur la Ferme du tabac, je les retranche.* A quoi vous ajoutez *qu'aucune maison de commerce ne pourroit défendre son capital contre une distribution pareille.*

C'est l'étonnement que ma jurisprudence vous cause, qui est singulier lui-même. Je retranche les bénéfices de la Ferme du tabac: (Il faut bien remarquer que vous appellez *retrancher* ces bénéfices, dire qu'ils sont une faveur & une grace du Roi; car je n'en ôte pas un écu à la Compagnie;) je les retranche,

dis-je, parce qu'ils ne font pas le produit du commerce de
la Compagnie, & je lui laiſſe ſes pertes dans l'Inde, parce qu'elles ſont de ſon fait, de ſon commerce. J'ai à prouver que le
commerce de la Compagnie & l'exploitation du Privilége
cauſent & continueront de cauſer à l'Etat & aux Actionnaires
des pertes réelles & conſtantes. Je devois donc diſtinguer les dépenſes de ſon commerce, les bénéfices qui y ſont étrangers, &c.
Comment pouvez-vous dire que c'eſt-là attaquer le *capital du
commerce* de la Compagnie, & *qu'aucune maiſon de commerce
ne pourroit défendre ſon capital, ſi on pouvoit l'attaquer ainſi?* Si
un propriétaire de terre faiſant un commerce ruineux, y ver-
ſoit chaque année les revenus de ſa terre pour remplacer la
perte de ſon capital, ne faudroit-il pas, pour juger des pertes
& des profits de ſon commerce, retrancher d'abord ce qu'il y
auroit mis du revenu de ſa terre. Or, certainement les produits de la Ferme du tabac ſont auſſi étrangers au commerce
de la Compagnie que le revenu de la terre de ce Commer-
çant le ſont à ſon commerce; de l'un ou de l'autre côté, il faut
donc également les retrancher pour juger des pertes & des
profits.

C'eſt à ce qu'on vient de voir, que ſe réduiſent, Monſieur,
toutes les preuves que vous donnez, que la Compagnie n'a
pas reçu 130 millions de ſecours gratuits du Roi, ſur la ſeule
ferme du tabac, juſqu'en 1747. Je demande à des lecteurs de
bonne foi, ſi c'eſt là de quoi balancer l'expoſition ſimple des
faits & ce raiſonnement ſi clair. La Compagnie a eu la ferme
du tabac *pour lui tenir lieu de 2,700,000 liv. Cette ferme lui a
valu ſept à huit millions net de 1725 à 1747: l'État lui a donc
donné gratuitement environ 130 millions ſur la ferme du tabac, pour
le ſoutien du commerce de l'Inde.* On peut conteſter tout, mais
on ne renverſe pas tout ce qu'on conteſte.

Voyons ſi vous montrerez avec plus de ſuccès, qu'en 1747
le Roi n'a encore rien donné à la Compagnie *que ce qu'il lui
devoit,* quoiqu'en conſéquence de l'Édit alors intervenu, elle ait
depuis ce tems reçu 44 millions en accroiſſement d'intérêt, pour
le hauſſement des 100 millions de trois à cinq p. :, 88 millions
pour 44 ans de l'intérêt de 80 millions, & le capital de ces 80
millions, dont le Roi ſe trouve encore aujourd'hui grévé.

Il me semble que ces objets étoient assez importans, pour que vous vous arrêtassiez à les discuter avec un peu d'étendue, pour que vous apportassiez des preuves, si vous en aviez, & pour qu'au moins vous réfutassiez les miennes. Vous ne faites rien de tout cela; j'en fais juges les lecteurs, en rémettant sous leurs yeux l'extrait des vingt lignes que vous avez employées à cette discussion.

1° *Sa Majesté avoit cédé la ferme du tabac à la Compagnie à perpétuité. Le produit en étant considérablement augmenté, Sa Majesté le retira, & c'est pour la dédommager qu'elle augmenta le contrat.*

2° *Cette augmentation ne fut pas proportionnée au revenu de la ferme du tabac, qui étoit alors de 21 millions, mais uniquement à la somme de 7 à 8 millions que la Compagnie avoit touchée jusqu'alors des Fermiers-Généraux.*

3° *On balança par cette augmentation divers autres articles, entre autres, pour des droits de tonneau, en arrière depuis 16 ans.*

4° *Elle fut accordée pour différens dédommagemens relatifs à la guerre, & difficiles à déterminer.*

5° *Elle fut accordée, pour donner à la Compagnie la consistance qu'on jugeoit nécessaire au bien de l'État ; car l'intérêt particulier des Actionnaires n'eut aucune part directe à cette détermination, puisque leur dividende ne fut point augmenté.*

Voilà bien exactement les seules preuves que vous apportez de votre assertion que le Roi *n'a rien donné à la Compagnie en 1747, que ce qu'il lui devoit.*

Ma réponse est facile, Monsieur, mais je ne veux pas qu'on me reproche d'avoir omis aucune de vos objections, & je vais tâcher d'être court.

1° Que le Roi ait augmenté le contrat de la Compagnie, pour la *dédommager* de ce qu'il lui retiroit la Ferme du tabac, cela ne prouve pas que cette augmentation n'ait été une faveur gratuite; parce que la concession de la ferme du tabac étoit elle-même une faveur, & le dédommagement qu'on donne pour une faveur retirée ou diminuée, est encore une faveur.

2° Il est vrai que si le Roi avoit augmenté la créance de la Compagnie sur lui, proportionnément au revenu de la Ferme du tabac, qui étoit alors de 21 millions ; il auroit dû le reconnoître

noître débiteur envers la Compagnie de 240 millions, & lui payer 17 millions de rente. Il eſt vrai que peut-être alors la Compagnie auroit ſoutenu ſon commerce, qui auroit été bien autrement avantageux à l'État. Il faut croire auſſi, puiſque vous le dites, que cette augmentation accordée en 1747, *uniquement* relative à la ſomme de ſept à huit millions que la Compagnie avoit touchés juſqu'alors, étoit bien peu de choſe ; mais tout cela n'empêche pas que cette augmentation, quelque modique qu'elle fût, n'ait été une faveur gratuite , accordée par l'État, pour le ſoutien du commerce de l'Inde.

3º Que ſignifient ces paroles ; *on balança par cette augmentation divers autres articles, entr'autres , des droits de tonneau ?* Les droits de tonneau dont il eſt fait mention dans les demandes de la Compagnie en 1747, montent à environ ſix millions. Comment balança-t-on ſix millions avec quatre-vingt ? Dans mes obſervations ſur les demandes de la Compagnie en 1747, je ſuis convenu que ces ſix millions lui étoient dûs. C'eſt une réduction qu'il faut faire à la propoſition générale que les quatre-vingt millions ont été accordés gratuitement, & cette réduction je l'ai faite moi-même ; mais il en reſte toujours ſoixante-quatorze de donnés gratuitement, ſans titre & ſans autre raiſon que le déſir de ſoutenir le commerce de la Compagnie. Ces ſix millions de droits de tonneau ne prouvent donc pas qu'en 1747, le Roi n'a rien donné à la Compagnie que ce qu'il lui devoit, ce qu'il étoit pourtant uniquement queſtion pour vous de prouver.

4º Sur le quatrieme article vous prétendez que l'augmentation fut accordée pour différens dédommagemens relatifs à la guerre, & difficiles à déterminer.

Je puis dire d'abord qu'en 1747, la Compagnie n'avoit encore fait que très-peu de frais pour la guerre. C'eſt depuis cette époque que ſes grandes dépenſes ont eu lieu. Mais il me ſuffit de renvoyer nos lecteurs aux deux premiers articles des demandes de la Compagnie , les ſeuls où elle faſſe elle-même mention des dépenſes de guerre ou d'établiſſemens, & en marge deſquels il eſt mis *néant*, & ces paroles remarquables du premier : *dans le cas où la marine du Roi ne ſeroit pas en état de fournir des eſcortes à la Compagnie , Sa Majeſté n'en-*

L

*tend pas qu'il en puisse résulter aucune indemnité contr'elle.* Comment peut-on dire, après cela, que le Roi a donné 80 millions ou partie de cette somme pour des dédommagemens relatifs à la guerre, & argumenter de-là, pour prouver que ces 80 millions ne sont pas un secours gratuit? Sans compter encore que quand le Roi se seroit engagé à des indemnités pareilles, elles n'en seroient pas moins un secours gratuit, parce qu'il s'y seroit engagé gratuitement.

5° Enfin votre derniere observation prouve contre vous même; car puisque, selon vous, le Roi a augmenté la créance de la Compagnie sur lui *pour donner à la Compagnie une consistance* & non *pour l'intérêt particulier des Actionnaires*; ce n'est donc pas pour payer une dette. Cette consistance pouvoit être regardée comme nécessaire au bien de l'Etat, sans que la Compagnie eut aucun droit de l'exiger. Puisque l'augmentation du contrat n'*a pas eu pour objet l'intérêt particulier des Actionnaires* (je n'ai jamais dit le contraire) le Roi ne la devoit donc à aucun titre; car s'il l'avoit due, c'eut été aux Actionnaires eux-mêmes, les véritables créanciers du Roi en cette partie, & alors leur intérêt particulier auroit été l'objet de l'augmentation.

Je conclus, Monsieur, que vous ne prouvez point que le Roi n'ait donné, en 1747, à la Compagnie que ce qu'il lui devoit; & comme à cette époque il lui a donné encore plus de 200 millions, voilà déja plus de 300 millions bien clairement donnés à la Compagnie très-gratuitement & à titre de faveur, pour le soutien du commerce de l'Inde.

Je pourrois m'arrêter là & ne pas répondre à ce que vous dites des droits de tonneau & des billets d'emprunt; car que la Compagnie ait coûté à l'Etat 300 millions ou 376, cela est assez égal, puisqu'il est aussi déraisonnable que l'Etat dépense, en quarante ans, 300 millions, que 376, pour un commerce qui rapporte en retours, y compris ses bénéfices, moins de dix millions. Je dirai cependant que vous n'êtes pas plus exact sur ces deux derniers articles.

Vous prétendez que les droits de tonneau ( qui n'entrent que pour onze millions dans mon calcul de ce que le Roi a donné à la Compagnie, ce qu'il faut bien remarquer ) étoient la mise de l'Etat dans l'établissement de la Compagnie, &

une foible indemnité des dépenses de souveraineté. Cette prétention, que la gratification par tonneau est la *mise de l'État* dans l'établissement de la Compagnie, suppose ce qu'en effet vous faites entendre dans beaucoup d'autres endroits, que l'État a une mise à faire, lorsqu'il accorde un Privilége exclusif, & ce principe n'est pas raisonnable. Le Privilége exclusif est lui-même & lui seul, une mise très-forte de l'État, ou plutôt des Citoyens, & celle qui lui coûte le plus. Quant à la gratification, elle est toujours une gratification, une grace : en disant qu'elle a été assurée à la Compagnie dès 1664, & constamment confirmée par les édits successifs, vous ne prouvez rien autre chose que l'ancienneté de cette faveur, & la fidélité avec laquelle l'État en a fait jouir la Compagnie.

Sur les onze mille actions & billets d'emprunt cédés en 1764, ( qui forment une somme de 20 millions ) vous dites que le Roi a cédé cette somme en compensation des dépenses de la guerre.

Je réponds que le Roi n'a jamais prétendu payer des indemnités & des dédommagemens à la Compagnie, pour les dépenses de souveraineté ; s'il en a payé pour la partie des frais de guerre que la Compagnie avoit faite ; on peut dire nettement qu'il n'y étoit point obligé, & qu'ainsi les sacrifices que l'État a faits étoient vraiment des dons gratuits. Sa Majesté a fait, de son côté, des dépenses exorbitantes pour la guerre. La derniere a coûté au trésor-Royal 85 millions. D'ailleurs, en supposant que les vingt millions de cet article fussent un dédommagement des frais de guerre, c'est toujours une dépense faite par l'État, pour le soutien du commerce de l'Inde. Il y avoit, si vous voulez, obligation pour le Roi de les payer ; mais ils n'en ont pas moins été tirés du trésor-Royal pour le soutien du commerce de l'Inde. Cette dépense n'avoit que la Compagnie & son commerce pour objet ; le commerce libre ne l'auroit pas exigée ; c'étoit donc toujours une dépense amenée par le Privilége exclusif de la Compagnie. Il est donc toujours vrai que le Privilége a coûté à l'État des sommes immenses. C'est tout ce que j'ai voulu prouver, & assurément vous ne prouvez pas le contraire.

Vous vous récriez, Monfieur, fur ce que je regarde les dépenfes du Roi dans la derniere guerre de l'Inde, comme faites
pour le foutien du Privilége exclufif; & vous dites que c'eft
pouf protéger le commerce & les établiffemens de la Nation,
& pour attaquer les ennemis de l'Etat dans toutes leurs poffeffions.

Je ne vois pourtant pas ce que mon affertion a d'étrange; elle
eft la conféquence néceffaire & très-fimple de deux propofitions inconteftables. Nous avons fait la guerre dans l'Inde
pour foutenir notre commerce & nos établiffemens dans l'Inde : or, tout le commerce que nous avons dans l'Inde eft réfervé
à la Compagnie, tous nos établiffemens dans ce même pays
étoient ceux de la Compagnie : toutes les fuites fâcheufes de
la puiffance des ennemis, dans l'Inde, devoient retomber immédiatement fur la Compagnie; tous les avantages qu'on pouvoit y remporter, auroient été un profit de la Compagnie. C'eft
donc pour la Compagnie & fon Privilége exclufif que la guerre
s'eft faite ; qu'on ait regardé le commerce de la Compagnie, les établiffemens de la Compagnie, comme un bien national qu'il falloit défendre, cela n'empêche pas que ce commerce & ces établiffemens exclufifs n'aient été, fous cette même
forme, l'objet & le motif de la guerre.

Il y a plus, je l'ai déja dit, & en aucun endroit vous ne
prouvez le contraire : fans la Compagnie nous n'aurions pas
eu d'établiffemens militaires à fix mille lieues de chez nous ;
ou ces établiffemens tenus fur un pied plus modefte, & dé-
tachés de toute poffeffion territoriale, n'y auroient pas excité
la jaloufie des Indiens & des Nations de l'Europe. Nous n'aurions pas employé nos forces fi loin & fi mal-à-propos. Les dépenfes faites pour la guerre dans l'Inde doivent donc être re-
gardées comme faites pour la Compagnie.

Une autre obfervation importante eft qu'en, vous accordant que les dépenfes de guerre auroient été faites pour le
commerce de la Nation, quelque forme qu'il eut eue, vous
ne juftifierez pas encore la Compagnie contre le reproche
général qu'on lui fait d'avoir été fort à charge à l'Etat. Articulez en effet, quels font ces frais de guerre. La derniere a
coûté au Roi 85 millions qui font en fus des 376 millions de

dépenses de l'Etat que j'ai calculées. Supposez que la Compagnie ait dépensé de son côté 76 millions en frais de guerre proprement dits qu'on regarderoit comme ayant dû être dépensés par le Roi, il demeurera toujours que l'Etat a dépensé 300 millions pour la Compagnie, & ne sera-ce pas une objection contre la Compagnie à laquelle vous n'aurez point de réponse ?

C'est sans doute pour éviter de faire faire cette réflexion ou de semblables, qu'en parlant de frais de guerre & de souveraineté, que le Roi auroit dû faire, vous demeurez toujours dans le vague; vous n'articulez rien, & vous n'énoncez pas quelle somme la Compagnie a dépensé en frais de guerre, que le Roi eut dû prendre sur lui. Cette précision étoit cependant nécessaire, & puisque vous ne l'avez pas eue, c'est que votre cause en auroit souffert.

Vous terminez, Monsieur, la discussion de ce que j'ai dit des secours que le Roi a donnés à la Compagnie par cette phrase remarquable: *j'ai parcouru les objections que vous avez faites contre la légitimité des objets reçus par la Compagnie, &c.* En effet, Monsieur, vous les avez parcourues; car on ne pouvoit pas traiter plus succinctement, ni plus légerement une matiere si intéressante. J'avois fait un calcul dont vous ne contestez aucune partie, & sur ce calcul un raisonnement simple & grave; j'avois vû 376 millions, dépensés par le Roi pour la Compagnie en quarante ans, & d'un autre côté le commerce de la Compagnie rapportant moins de dix millions en retours de l'Inde; j'en avois conclu contre le commerce de l'Inde par la Compagnie; j'ose croire qu'il ne suffit pas de parcourir de pareilles objections pour les résoudre, & j'espere aussi que nos lecteurs s'appercevront fort bien que vous ne les avez que parcourues.

En continuant de défendre les droits des Actionnaires ( que je n'ai pas attaqués ) vous me reprochez d'avoir choisi *pour fixer leur titre primitif, un époque* à laquelle je n'aurois pas dû m'arrêter, & cela parce que *je veux*, dites-vous, *leur ôter tout ce qu'ils ont acquis depuis ce tems-là.* Cette époque est celle de 1719, à laquelle vous prétendez que j'aurois dû substituer celle de 1764, ou celle de 1717.

·· Je répéte ici ce que j'ai dit plufieurs fois, que je ne veux rien *ôter* aux Actionnaires, & que vous ne trouverez rien dans mon Mémoire qui ait trait à cette fpoliation que vous ne deviez pas m'attribuer ainfi gratuitement. J'ai dû remonter à leur titre primitif, pour diftinguer dans leurs fonds, ce qui eft grace du Roi, de leur propriété ancienne, & des profits de leur commerce. Je ne pouvois pas choifir l'époque de 1764, parce que c'eft du capital de 1764 que je cherche s'il n'eft pas formé en partie & en quelle proportion il l'eft, des graces du Roi. J'ai pris l'époque de 1719, & non celle de 1717, quoiqu'en 1717, l'intérêt du premier fonds de la Compagnie fut de 4 p. $\frac{0}{0}$, & en 1719 de 3 p. $\frac{0}{0}$; parce que ce dernier état eft poftérieur; parce qu'il fut fixé du confentement & fur les demandes de la Compagnie elle-même; parce que la Compagnie ne s'eft jamais plaint de cette réduction; parce qu'elle fut faite pour de fort bonnes raifons, dont la principale eft, que ce fonds de 100 millions avoit été formé par la Compagnie en billets d'État, papier fort décrié, qui perdoit beaucoup fur la place, que le Roi n'avoit accepté que pour lui redonner un peu de cours; & dont l'intérêt réduit à 3 p. $\frac{0}{0}$, fe trouvoit encore payé très-cherement, eu égard au prix de l'acquifition; enfin, parce que tous les Édits & Arrêts fubféquens, relatifs à la Compagnie, fuppofent & rappellent celui de 1719, & non celui de 1717.

Enfin, il eft bien étrange que vous me propofiez de prendre l'époque de 1764. Car de quoi s'agit-il ici entre nous? D'eftimer le capital originaire de la Compagnie, que je prétends avoir été 100 millions. Or, que peut faire à cette queftion l'Édit de 1764, qui n'a rien de relatif à ce fujet? Il me femble que toutes ces raifons font bien fuffifantes pour me juftifier d'avoir choifi l'époque de 1719, & non pas celle de 1717, & encore plus, d'avoir négligé celle de 1764.

Mais, me dites-vous, *pourquoi avez-vous tiré rapidement le voile fur ces tems malheureux de 1719 à 1720, où l'on auroit lu les titres refpectables de la propriété des Actionnaires?*

Monfieur, ce reproche eft bien étrange, & décéle bien toute la foibleffe de votre caufe. Comment, c'eft dans *des tems malheureux*, c'eft-à dire, dans des tems de trouble & d'obfcurité, d'incertitude dans toutes les valeurs, de confufion dans toutes les fortunes, c'est dans le délire du fyftème, que vous voulez retrouver des titres refpectables? Dites-moi ce que feroient des hommes qui redemanderoient ce qui ne leur appartient pas? Ne remonteroient-ils pas aufli à ces tems malheureux où vous voulez me rappeller?

J'avois dit, Monfieur, qu'après la naiffance du fyftème en 1719, & fur-tout après la réunion faite au mois de Février 1720 de la banque Royale à la Compagnie des Indes, on ne pouvoit plus eftimer le capital & les profits de la Compagnie, ni les différentes variations que ce capital avoit pu éprouver. La caiffe de la Compagnie & le fifc n'étant plus qu'une même chofe, nous ne pouvons plus y diftinguer ce que la Compagnie pût y ajouter en ce tems, en accroiffement de fon véritable capital. Ce capital réel pouvoit recevoir des augmentations fictives, dont nous pouvons ne point nous occuper; mais la Compagnie faifant alors peu de commerce, ou celui qu'elle faifoit lui coûtant des frais qui abforboient au moins la plus grande partie de fes profits, c'eft lui faire grace que de fuppofer que fon premier capital ne fouffroit point, & qu'il fe confervoit entier, dans ces tems de défordre & de confufion.

De cette feule obfervation, dont la vérité eft palpable, il fuit que la Compagnie, confidérée comme Compagnie de commerce, n'a pu augmenter fon capital, & que quelque valeur qu'ayent acquifes les actions des Indes dans les diverfes fecouffes du fyftème, & par les diverfes formes qu'a prifes fucceffivement la Compagnie en devenant la Ferme générale, la Banque, le Fifc, on ne lui fait aucun tort en la remettant au point où elle étoit à fon origine, & avant les conventions du fyftème. Cela pofé, quel avantage pouvez-vous tirer de ce que vous dites, que les actions de la Compagnie montoient au tems du Vifa, felon fes déclarations, à 900 millions. Vous ne direz pas fans doute que les 900 millions portés dans les déclarations de la Compagnie, au tems du Vifa, fuffent 900 millions effectifs. Cette prétention, quoiqu'avancée dans beaucoup d'écrits du tems, & qu'on n'a pas honte de renouveller aujourd'hui, ne peut être formée que par l'ignorance la plus groſſiere, & vous êtes trop inſtruit pour l'adopter.

Vous remarquez vous-même, que *la proportion* entre les valeurs réelles & les valeurs numéraires, varia ſi fort dans ces tems-là, qu'on ne peut pas déterminer à quelle ſomme actuelle d'argent doit être comparé le capital des 600 mille actions de la Compagnie.

Vous dites encore, *p. 20*, qu'un milliard ſix cent millions ont repréſenté *juſqu'à ſix milliards, dans l'opinion, à raiſon de l'empreſſement du public pour les actions.* Voilà donc une différence des trois quarts en ſus, entre la valeur d'opinion, & la valeur réelle & originaire ( qui eſt ici celle de la quantité d'or ou d'argent, répondant à une certaine dénomination ).

Il ſuit de-là que la ſomme de 900 millions portée par les déclarations de la Compagnie, étoit ſuſceptible de réductions prodigieuſes : & que juſqu'à ce qu'on ait fait voir que dans la réduction eſſuyée par la Compagnie, le Gouvernement paſſa les bornes légitimes, on n'eſt pas en droit de dire qu'elle fut *rigoureuſe*, & que le ſort des Actionnaires fut bien *malheureux*.

L'unique preuve que vous donniez de cette prétention, eſt une clauſe de faveur inſérée dans l'Édit de 1725, par laquelle le Roi dit, qu'il auroit bien déſiré de *pouvoir admettre les Actionnaires au nombre de ſes Créanciers,* de la même maniere que ſes autres Sujets ; mais qu'il n'a *pas pu liquider les actions en valeur numérales,* d'autant que, *ſuivant la déclaration des Actionnaires, elles leur tenoient lieu de 900 millions.* Voilà ce que vous appellez un titre bien précieux, & vous me faites l'honneur d'oppoſer à ce langage, *le ſyſtème d'inquiſition rétroactive que fait entrevoir un particulier, qui lui-même vit à l'abri des loix, &c.*

Je ne puis me perſuader, Monſieur, que vous ayiez bien ſenti toute l'amertume & toute la dureté de ces expreſſions, & de cette tournure ; j'oſe croire de votre amitié & de votre eſtime pour moi que vous vous y ſeriez refuſé. Mais, voyons ſi ce titre eſt ſi précieux que vous voulez le faire entendre, & s'il prouve ce que vous voulez en conclure.

Le

Le Roi regrette *de ne pouvoir pas admettre les Actionnaires au nombre de ses Créanciers:* cela ne veut pas dire qu'il regrette de ne pouvoir pas payer leurs créances, ni qu'il ne les veuille pas, ou n'ait pas voulu les liquider selon leur valeur; cette clause n'est point un aveu que le Roi fasse, d'avoir traité injustement les Actionnaires de la Compagnie.

Le Roi regrette de n'avoir pas liquidé les actions *en valeurs numérales*; on voit bien que ce n'est là qu'une phrase de faveur pour la Compagnie. Le Roi pouvoit-il liquider 900 millions d'effets déclarés par la Compagnie à 900 millions effectifs? Non; cette clause ne signifie donc point que les réductions faites sur les 900 millions eussent été injustes.

Vous appellerez cela avec raison des *paroles touchantes & paternelles*, des *regrets pleins de justice*, &c. Mais vous n'en serez pas plus fondé à dire qu'elles avoient pour objet le *sort malheureux* des Actionnaires, ni que les Actionnaires aient essuyé une *malheureuse destinée* au tems du visa, &c.

Ce qui m'empêche de m'attendrir avec vous sur le sort des Actionnaires d'après cet Édit de 1725, sont d'autres Édits qui présentent des dispositions tout aussi respectables sans doute, mais un peu opposées à celles que vous faites valoir ici.

L'un est un Arrêt du Conseil du 7 Avril 1721, dans lequel on trouve une Requête de la Compagnie, où elle convient *que si elle est chargée de rendre compte des opérations de la Banque, elle se trouvera débitrice de Sa Majesté de plus de 650 millions:* malgré ses représentations, ledit Arrêt ordonne qu'elle sera tenue de compter par état au vrai de la recette & de la dépense, tant de la Compagnie que de la Banque y jointe. Un autre Arrêt du même jour ordonne de prendre les précautions nécessaires pour assurer ce qui est dû à Sa Majesté, & nomme des Commissaires pour procéder à l'inventaire des effets de la Compagnie.

L'autre piece est l'édit de Juin 1725, où loin que le Roi regrette de n'avoir pû traiter favorablement la Compagnie, il lui accorde, comme une grace & comme une grace sollicitée par elle, des décharges & des libérations. En voici les dispositions.

*Sa Majesté ayant considéré que pour affermir la Compagnie des*

M

Indes, il falloit la mettre à couvert de toutes recherches, lui a ac‑
cordé toutes les décharges & libérations contenues dans les treize ar‑
ticles suivans.

1º Qu'elle sera bien & valablement déchargée de toutes les opé‑
rations de la Banque générale : la dépense étant égale à la recette,
l'une & l'autre montant à 3,070,939,400 liv.

2º Sa Majesté confirme à la Compagnie le don par elle fait de
la somme de 583,000,000, en ordonnances sur le trésor-Royal,
pour l'indemniser de non-jouissances & pertes. La Compagnie ne
pourra être recherchée pour raison de ladite somme.

3º Sa Majesté dispense la Compagnie de compter du fonds de six
millions provenant de celui des 12,000 actions, dont la Banque
générale étoit composée, ainsi que des bénéfices qu'elles ont dû pro‑
duire, attendu qu'il ne se trouve aucune dépense faite au trésor
Royal pour ce sujet, & que le Trésorier de la Banque Royale n'en
a fourni aucune quittance qui puisse forcer la Compagnie de rendre
compte de ladite somme.

4º Sa Majesté confirme la cession par elle faite à la Compagnie
des profits provenant des opérations de la Banque Royale & des bé‑
néfices résultant de l'exécution de l'Arrêt du Conseil du 21 Décem‑
bre 1719, qui fixoit l'argent de Banque à 5 p. ⅔ au-dessus de l'ar‑
gent courant.

5º Sa Majesté accepte & confirme la retrocession à elle faite par
la Compagnie de 50 millions d'actions appartenantes à Sa Majesté,
la Compagnie est déchargée de 900 millions qu'elle devoit payer
à Sa Majesté pour la valeur desdites actions.

6º La Compagnie ne pourra être obligée de compter du droit éta‑
bli à son profit sur le castor, pour lui tenir lieu du Privilége ex‑
clusif de la vente du castor. (Elle a joui de ce droit jusqu'à ce
qu'elle ait été rétablie dans l'exercice de son Privilége exclu‑
sif pour cet objet.)

7º Sa Majesté dispense la Compagnie de rendre aucun compte du
fonds de billets d'emprunt qu'elle a reçus en conséquence de divers
Arrêts du Conseil, 27 Octobre, 27 Novembre 1720, & 9 Jan‑
vier 1721.

8º Sa Majesté accorde à la Compagnie, à titre d'indemnité, le
bénéfice des réductions faites sur les billets de banque, recepissés,
actions, dixiemes d'actions, & autres effets, & la dispense d'en ren‑
dre aucun compte.

9° *Sa Majesté décharge la Compagnie de tous ses effets, demeurés dans le public, & dont la représentation & le visa ont été ordonnés; les propriétaires n'en pourront répéter la valeur.*

10° *Tous les registres & papiers qui ont servi aux achats d'actions & à toutes les opérations de la Compagnie, pendant la minorité, même les comptes de ses Caissiers & Commis emploiés auxdites opérations, seront brulés en présence des Commissaires du Roi, il sera délivré auxdits Caissiers & Commis, & par lesdits Commissaires, des certificats qui opéreront une décharge valable de leur gestion.*

La troisieme piece que je citerai est l'article X des demandes de la Compagnie en 1747, où elle rappelle encore la réduction faite en 1721, comme trop rigoureuse pour elle, & en marge duquel il est mis *néant*. Si dans ce moment, où l'on vouloit traiter favorablement la Compagnie, on eut trouvé cette raison légitime, on eut fait droit sur cet article, ou au moins on eut rapporté au motif qui y est énoncé, la concession d'une partie des 80 millions qu'on vouloit accorder; & pour laquelle on ne cherchoit que des prétextes.

Voilà, Monsieur, de quoi balancer ces dispositions dont vous êtes si fort touché, & au moins, dans cette opposition d'Arrêts & d'Edits, vous serez forcé de convenir qu'on ne peut tirer ni des uns ni des autres, des lumieres bien sûres pour affirmer que la Compagnie a été traitée *rigoureusement*; que les Actionnaires ont essuyé une *destinée malheureuse* dans les réductions du visa; & un *sort* qui peut *exciter la pitié*. C'est tout ce que je dirai, Monsieur, sur ce sujet. Je ne puis pas, comme je l'ai déjà dit, m'enfoncer dans l'obscurité de ces tems éloignés. Vous me dispensez vous-même d'entrer dans cette discussion, parce que vous ne l'avez pas faite; vous n'articulez aucune preuve de l'injustice prétendue faite à la Compagnie. Tout ce que vous dites à ce sujet même, est commun & connu, & auroit besoin d'être bien plus développé, pour que vous en puissiez tirer quelques inductions décisives en faveur de la Compagnie.

Je ne crois donc pas lui faire aucun tort, en regardant son véritable capital, comme formé des premiers cent millions qu'elle a fournis en billets d'État en 1717, dont la rente a été fixée à trois p. ½ en 1719, & qu'on a toujours regardés depuis comme fon capital originaire & vrai. Cette opinion me paroît être celle des perfonnes inftruites, raifonnables & modérées, qui n'ont certainement aucune envie d'établir & de favorifer des fyftèmes *d'inquifition rétroactive ; ni de mettre à l'infini toutes les propriétes des Citoyens, fous l'empire abfolu d'hommes aveugles ou trompés, qui expliqueroient à leur gré les loix de l'utilité publique, & les bornes de leur puiffance.*

Je ne comprends point du tout comment vous avez cru tirer quelque avantage, *p.* 22 & 23, de diverfes réductions qu'a effuyées le dividende des Actionnaires. Le dividende a été réduit, parce que le capital de la Compagnie a fouffert lui-même une grande détérioration, comme je l'ai prouvé : que s'en fuit-il de-là en faveur de la Compagnie, ou plutôt n'eft-ce pas là un argument très-puiffant contre elle ?

Je ne dis pas pour cela qu'on ne puiffe en effet, plaindre les Actionnaires comme Particuliers, comme des Citoyens dont la fortune a fouffert des diminutions du dividende en 1746 & 1759 ; mais il ne faut pas perdre de vue que ces Citoyens couroient les rifques de l'entreprife de commerce, dont ils faifoient les fonds. Il ne faut pas en prendre droit pour eux à des fecours de l'État, qui ne peuvent être accordés qu'aux dépens des autres ordres de Citoyens. Enfin, il ne faut pas croire qu'on défende, ni qu'on juftifie la Compagnie, par l'intérêt qu'on infpireroit pour les Actionnaires, comme particuliers, ce qui eft le fophifme dominant dans toute votre réponfe.

Vous me reprochez une contradiction entre ce que je dis, *p.* 35 de mon Mémoire, que les Actionnaires ont vu leur dividende diminué de moitié depuis 1725, & ce qu'on lit, *p.* 162, que les Actionnaires refufant de continuer le commerce de l'Inde, le Roi pourroit à toute rigueur les y forcer, en leur difant, qu'ayant gagné dans des tems favorables, il faut qu'ils fachent perdre aujourd'hui, pour le bien de l'État. Je ne vois aucune oppofition entre ces deux affertions. Les Actionnaires gagnoient à leur affociation, lorfqu'ils avoient 150 liv. de dividende depuis 1725. Si le commerce de l'Inde étant devenu défavantageux, leur dividende devoit diminuer encore,

la Compagnie étant néceffaire à l'exploitation du commerce
de l'Inde , & ce commerce étant fuppofé néceffaire à l'État,
le Souverain pourroit exiger d'eux qu'ils continuaffent d'exploiter leur Privilége ; il ne feroit qu'ufer d'un droit rigoureux à la vérité , mais jufte, que des Privilégiés donnent fur
eux, en fe chargeant de l'obligation d'exercer leur commerce
exclufif dans des tems malheureux, comme dans des tems
heureux, dès qu'ils prétendent l'exercer pour l'avantage de
l'État. Il ne me femble pas qu'on ait jamais penfé à ufer de ce
droit envers les Actionnaires; mais j'ai dit qu'on auroit pu en ufer,
pour faire comprendre ce que je penfe très-véritablement ;
que le Gouvernement rend aux Actionnaires un fervice réel,
en leur faifant fentir la néceffité de ceffer un commerce qui
les ruine & qui continueroit de les ruiner.

En m'accufant d'injuftice envers les Actionnaires, vous
vous abandonnez vous-même à une injuftice bien plus réelle
envers l'État, ou plutôt envers tous les Citoyens non Actionnaires. Vous dites que les Actionnaires pourroient dire, *depuis*
*1723, nous n'avons eu aucune part dans la conduite de nos af-*
*faires . . . . . Le Gouvernement , en fe chargeant de les conduire ,*
*fans notre confentement, ne fe chargeoit-il pas de répondre de l'é-*
*vénement, & ne feroit-il pas jufte qu'on nous remît où on nous a*
*pris ?* p. 24.

Je répondrai plus bas au reproche que vous faites au Gouvernement de s'être mêlé des affaires de la Compagnie. Je
veux fuivre ici d'autres objets.

1º Lorfque le Gouvernement a pris part à la conduite des
affaires de la Compagnie, c'eft pour le bien & l'avantage de
la Compagnie. Cela eft inconteftable pour tout efprit non
prévenu, & qui ne veut pas fe faire un mérite de défapprou-
ver tout ce que fait le Gouvernement uniquement, parce
que c'eft le Gouvernement qui le fait. Le miniftere peut s'ê-
tre trompé dans le choix des moyens qu'il a pris pour rendre
le commerce de la Compagnie floriffant; mais certainement
il n'a eu que cet objet en vue.

Or cela pofé, il eft injufte de prétendre qu'il ait dû répondre de l'événement.

2º Cela eft d'autant plus injufte qu'en chargeant ainfi le

miniftere de l'événement, ce n'eft pas ceux qui ont fait la faute qui en fouffriroient la peine, & vous ne faites autre chofe ici qu'établir en principe de morale & de droit le

*Quid quid delirant Reges plectuntur Achivi.*

Ces Grecs, Monfieur, qui en derniere inftance répondroient de l'événement, fi vos confeils étoient fuivis, feroient le *pauvre peuple*, les Agriculteurs, les Propriétaires de terres, les Citoyens de tous les ordres; c'eft à eux que vous demandez qu'ils remettent les Actionnaires dans l'état où le Gouvernement les auroit pris; c'eft-à-dire, que c'eft fur leur propriété & fur leur nécellaire même, que vous voyez qu'on pourroit prendre encore quelques 70 millions pour achever de former aux Actionnaires les 150 liv. de dividende qu'ils avoient en 1725. Ne voilà-t-il pas une politique bien équitable, & avez vous quelque droit, en établiffant de pareilles maximes, de m'acculer *d'empoifonner un des plus grands biens de la vie, la confcience de ce qu'on poffède, & la certitude d'en jouir?*

Ce n'eft pas que je prétende que votre injuftice pût autorifer la mienne, fi je m'étois vraiment rendu coupable de celle que vous me reprochez. Mais j'ai montré plus haut que votre accufation eft dépourvue de tout fondement. J'ajouterai ici une réflexion fur ce que vous dites que j'ai *établi la légitimité des recherches* qu'on pourroit faire contre la Compagnie, fur le principe *qu'il n'eft point de prefcription qu'on puiffe oppofer à l'utilité publique.*

Qu'il me foit permis de répéter ici 1º que je n'ai point établi de recherches contre la propriété des Actionnaires, parce que je n'ai rien dit autre chofe, finon que les Actionnaires étant fuppofés mettre obftacle au commerce libre de l'Inde, les Citoyens de tous les ordres qui leur payent plufieurs millions de rente pour le commerce de l'Inde, pourroient fe plaindre, avec raifon, de la continuation de cet impôt. Or ce n'eft pas là établir une recherche contre la propriété des Actionnaires.

2º Je n'ai dit qu'il n'y a point de prefcription à oppofer à l'utilité publique, pag. 146, que pour prouver que la demande de 31 millions faite par la Compagnie en 1747, en indemnité de ce qu'on lui avoit retiré la Ferme du tabac

qui en rapportoit 18 ou 10, n'avoit aucun fondement raifonnable. Or il eft indubitable, inconteftable que lorfque le Souverain a aliéné pour quelques millions, une portion du revenu public de 18 ou 10 millions, il peut en reprendre poffeffion, fans être obligé de payer une indemnité à ceux qui
en jouiffoient, *parce qu'il n'y a point de prefcription qu'on puiffe
oppofer à l'utilité publique.* J'avoue que je ne vois point que ce
principe conduife aux conféquences funeftes que vous y atta-
chés; je ne vois point que cette idée doive répandre *une
inquiétude continuelle chez les Citoyens,* ni *qu'elle doive empoifonner la vie,* & je regarde au contraire comme fauffe, comme cruelle & infoutenable une morale publique, en cela plus
fublime que la mienne.

Qu'a donc de fi terrible ce principe, fur-tout *dans l'application que j'en fais?* Il doit empêcher que des hommes avides
n'entreprennent de furprendre déformais la foibleffe du Gouvernement, pour fe faire aliéner le revenu public. Il doit leur faire
prévoir qu'un jour la Société reclameroit fes droits contre des
difpofitions auffi injuftes. Il ôte au Gouvernement même la
poffibilité de mettre des obftacles au bonheur des Citoyens
qui doivent naître un jour, & à cette efpéce parafite qui
vit aux dépens de ceux qui exiftent, l'efpérance de mettre
encore à contribution les générations futures. Il eft donc
plutôt une fauve-garde de la propriété qu'une atteinte qui
lui foit portée.

Vous faites fuivre vos obfervations, fur les droits des Actionnaires, par quelques remarques fur *l'évaluation de leur bien
actuel.*

Qui ne s'attend en voyant en titre ces mots, *fur l'évaluation du bien des Actionnaires,* que vous allez prouver que les
calculs d'après lefquels j'évalue à 39 millions le capital libre
de la Compagnie, que ces calculs, dis-je, font faux! C'eft
cependant ce que vous ne faites point.

Tout cet article de votre réponfe eft formé d'une inculpa-
tion *d'avoir communiqué le réfultat du travail de vos députés:*
d'une obfervation, que *les députés font plus croyables que moi;*
d'une plaifanterie fur *la grande précifion de mes calculs,* d'une
remarque fur ce que *je diminue toujours & n'augmente jamais;*

d'une critique des états des députés, *fur ce qu'ils ont mis en entier à la charge de la Compagnie 2,500,000 liv. de debets anciens & nouveaux.* Enfin d'une déclaration de votre part *que vous ne pouvez pas fixer votre opinion fur le montant du capital libre de la Compagnie, fans attendre de nouveaux éclairciſſemens des députés.* Voilà bien exactement tout ce que vous dites fur cet objet important. Eſt-il poſſible qu'on ait cru que vous aviez répondu à cette partie de mon Mémoire ? Je ne le conçois point. Il eſt trop clair que vous ne la conteſtez même pas. Il eſt trop clair que vous ne la croyez pas conteſtable au moins dans les articles les plus eſſentiels. Je répondrai cependant au petit nombre des réflexions que vous faites fur cette matiere.

1º J'ai dit, en commençant, les raiſons qui doivent me juſtifier, d'avoir communiqué au Public le travail de vos propres députés.

2º Si j'avois donné mon autorité toute feule, pour preuve que le capital libre de la Compagnie eſt réellement moindre que ne le diſent les députés, je conviens qu'il ne faudroit pas balancer entre leur autorité & la mienne. Mais j'ai produit leurs états, j'ai fait quelques obſervations fur différens articles. Ces obſervations peuvent être jugées par les Lecteurs, fans qu'il foit befoin de Mémoires & de piéces différentes de celles que j'ai où recueillies ou citées. Il n'y en a pas une feule qui ne puiſſe être difcutée & combattue fi elle mérite de l'être, les réductions que j'y préfente font fondées, les unes, en petit nombre, fur des faits qu'on peut nier s'ils font faux, & de la fauſſeté deſquels la Compagnie doit avoir la preuve fous la main ; ou fur des raiſonnemens dont tout homme fenfé peut être juge. Il n'étoit donc point queſtion ici de balancer l'autorité des députés & la mienne, & il n'y avoit aucune néceſſité de croire fur parole ni les députés ni moi.

3º Quant à la plaiſanterie que vous me faites, fur la préciſion de mes évaluations & fur l'inſpiration de ce Génie *qui m'a apporté dans mon cabinet les mâts & les çordages de la Compagnie, & qui m'a procuré des réſultats de livres & de fous,* je ne la trouve ni bien bonne ni bien fondée. Je vouiois évaluer

en

en fomme ronde les effets de la Compagnie portés par l'Article VII de l'état des députés, fomme qui devoit trouver fa place dans le total que je devois faire plus bas. L'état des députés portoit cet article à 6,701,539. Mais par la forme même de mes obfervations en cet endroit, je ne pouvois énoncer que des retranchemens & non des fommes rondes. Or pour avoir un refte en fomme ronde, il m'a fallu retrancher des fommes précifes. Si j'avois voulu retrancher des fommes rondes, c'eft alors que j'aurois eu des reftes précis & que vous auriez pu rire de la précifion de mes évaluations. Il eft arrivé de là que j'ai donné, non pas comme vous le dites, *une évaluation exacte des effets* de la Compagnie à l'Orient, mais la *réduction* qu'il y falloit faire pour avoir en fomme ronde l'évaluation que je voulois leur donner. Voilà ce qui a produit ces 539 livres qui vous paroiffent *vraiment refpectables*, c'eft-à-dire, *rifibles*. Mais après tout, permis à vous d'en rire encore après mon explication, pourvu que vous conveniez que ce n'étoit pas là un objet digne de vous occuper dans une difcuffion férieufe.

4° Je *retranche toujours* & *n'augmente jamais*, parce que je ne trouve pas qu'il y ait jamais à augmenter, & que je trouve qu'il y a toujours à retrancher.

5° Si vous êtes fûr qu'il y a *pour plus d'un million de créantes anciennes fur la Compagnie éteintes par le feu* ou d'autres accidens, c'eft un million à retrancher du paffif de la Compagnie. Je ne m'oppofe pas à ce retranchement. Vos députés ne l'ont pas fait. Peut-être ont-ils cru balancer par-là d'autres non valeurs dans les dettes actives. Après tout, c'eft à eux qu'il faut s'en prendre & non à moi.

6° Vous êtes bien le maître d'attendre pour fixer vos opinions fur le capital libre de la Compagnie de nouveaux éclairciffemens de Meffieurs vos Députés, s'ils peuvent vous en donner de nouveaux après fix mois de travail fur cet objet : mais vous ne pouvez pas exiger de moi que je demeure dans le même fcepticifme que vous profeffez, & je doute que vous le communiquiez à beaucoup de gens. En attendant que vous obteniez ces éclairciffemens, j'en ai un à vous donner qui doit être parvenu à votre connoiffance, & qui pourra peut-être

N

vous faire perdre l'efpérance de voir augmenter le capital de la Compagnie par de nouveaux renfeignemens.

*Depuis l'impreffion de mon Mémoire *on a découvert une erreur de* 7,250,000 *liv. dans l'évaluation des fonds de la Compagnie dans l'Inde.* Ce fait eft public & conftant par les lettres reçues par le Vaiffeau *le Sage*, avoué par les Syndics & Députés. Voilà un article qui peut feul couvrir & compenfer la moitié des erreurs dans lefquelles je ferois tombé en évaluant le capital de la Compagnie, quand ces erreurs feroient réelles; puifqu'au lieu de la porter à 54 millions 700,000 liv. les Députés eux-mêmes fe réduiroient aujourd'hui à 47,400,000 liv. ce qui ne feroit plus, de mon calcul au leur, que 8 millions de différence au lieu de 15.

Après cette découverte d'un vuide de plus de 7 millions, pour vous forcer de convenir que l'état de Meffieurs les Députés doit être rabaiffé au niveau du mien, il me fuffiroit de vous citer encore un feul article fur lequel je vous demanderois que vous prononçafliez. Dans l'état des Députés les créances prétendues par les héritiers Dupleix & autres ne font portées que pour *Mémoire*. On fait que les prétentions de ce genre montent à 16 millions. J'ai remarqué qu'il étoit néceffaire de les faire entrer en ligne de compte au paffif de la Compagnie, en leur donnant une évaluation modérée. Cette remarque n'eft-elle pas jufte? J'ai établi cette évaluation à 6 millions au lieu de 16, n'eft-elle pas modérée? Voilà donc encore une réduction de 6 millions fur l'état des Députés, réduction qui le rapproche tout à fait du mien.

Qu'il me foit permis d'ajouter encore quelques obfervations qui acheveront de démontrer que je n'ai rien outré en évaluant le capital actuel de la Compagnie à 39 millions.

J'ai eftimé les effets de la Compagnie à l'Ifle de France & de Bourbon à fix millions. Les Députés les évaluent 7 millions 625,000 liv. Vous favez parfaitement, ou il ne tient qu'à vous de favoir que le Miniftre, qui doit & qui feul peut les acheter pour le Roi, les évalue à beaucoup moins; mon évaluation n'eft donc pas forcée.

J'ai réduit fur les états des Députés près de deux millions du produit des deux ventes de 1779 & 1770, porté à 45 mil-, lions. Cette réduction étoit appuyée sur ce que les bénéfices des retours ne seroient que de 70 p.$\frac{o}{o}$, & non de 75, & que les marchandises d'envoi ne rendroient que 25, & non pas 35 p.$\frac{o}{o}$. Je supposois encore, en me bornant à cette réduction, que les retours seroient pour ces deux années en même quantité que les calculoient MM. les Députés.

Or je persiste à dire que le bénéfice ne sera de l'achat à la vente que de 70 & non de 75, parce que vous ne prouvez pas, & même vous ne dites pas le contraire, & parce que ce que j'ai dit là-dessus, me paroît en effet sans replique.

Non-seulement les bénéfices sur les marchandises d'envoi n'ont pas été de 25 p.$\frac{o}{o}$; mais on a appris depuis l'impression de mon Mémoire, par une lettre de M. Chevalier, que les marchandises de France n'ont pu être vendues, les unes dans les autres, qu'à 20 p.$\frac{o}{o}$, ( ce qui, pour le dire en passant, ne doit pas effrayer les Négocians particuliers, parce qu'il est constant que le prix de facture des marchandises de la Compagnie est près du double de celui que les particuliers ont porté dans l'Inde sur les mêmes vaisseaux. )

Enfin on sait, par toutes les lettres de l'Inde, que les retours, au moins pour la vente prochaine, ne seront pas aussi abondans qu'on l'avoit espéré.

Ma réduction de deux millions sur le produit des deux ventes prochaines, est donc au moins inattaquable, si elle n'est de beaucoup trop modique.

Ce petit nombre de remarques m'autorise à répéter que je n'ai fait que des réductions raisonnables à l'état de situation de la Compagnie, donné par les Députés, conclusion qui doit paroître d'autant mieux établie, que vous ne l'attaquez pas formellement, & qu'au moins vous ne combattez aucune des raisons sur lesquelles je l'ai appuyée.

Vous n'êtes, Monsieur, ni plus décidé, ni plus fort en raisons sur l'article des profits du commerce.

Vous commencez par remarquer qu'en m'entendant dire *que le commerce de la Compagnie est ruineux*, on a peine à comprendre comment j'ai présumé venir annoncer une vérité nouvelle, puis-

*que je dois croire que des Actionnaires qui ont vû leur dividende réduit à moitié, puis au quart, se sont doutés qu'ils avoient perdus.* p. 27.

Que cette vérité soit ancienne ou nouvelle, qu'elle fut connue ou ignorée des Actionnaires lors que je l'ai annoncée, c'est une chose tout-à-fait indifférente. Ce qui n'est pas indifférent, c'est que ce soit là une vérité dont vous paroissez convenir vous-même. Mais puisque vous en convenez, que ne le dites-vous nettement ? Pourquoi affoiblissez-vous ensuite un aveu que vous avez fait ? Que signifie le début même de votre article, où vous me reprochez de *décider affirmativement que le commerce de la Compagnie est ruineux, & de donner pour preuve le recit de ses bilans depuis 1725* ?

Pourquoi ne *déciderois-je* pas *affirmativement* une question que vous décidez comme moi ? Pourquoi n'énoncerois-je pas avec assurance une vérité qui, selon vous-même, n'est pas nouvelle, *une vérité* qui, selon vous, est connue de tous les Actionnaires par la réduction de leur dividende ? Enfin pourquoi ne donnerois-je pas les bilans d'une Compagnie de commerce comme la preuve qu'elle perd, si ses bilans montrent, en effet, la dégradation continuelle de ses capitaux ?

Au lieu de traiter vous-même la question des bénéfices de la Compagnie, vous m'enseignez la maniere dont je devois la traiter.

*Voici*, me dites-vous, *les circonstances sur lesquelles vous auriez dû éclairer les Actionnaires. Vous auriez dû leur faire appercevoir que le commerce avoit toujours donné du profit, & que les pertes étoient dérivées des dépenses de guerre & de souveraineté ... que ces dépenses pouvoient être séparées du Privilége.*

Je ne puis, Monsieur, ni suivre ni recevoir votre instruction, parce que je ne saurois faire appercevoir aux Actionnaires que ce que je n'apperçois pas moi-même, ou plutôt ce que je trouve manifestement faux.

Il est faux, Monsieur, que le commerce de la Compagnie ait donné du profit. Le profit dont il est ici question, & qu'il faudroit que la Compagnie eut jusqu'à présent trouvé dans son commerce, est le profit net. Le profit net est ce qui reste, toutes dépenses de l'entreprise payées. Parmi les frais & dépenses de l'entreprise, il est absolument nécessaire de compter les dépenses de souveraineté faites pour l'exercice & le maintien du Privilége exclusif. J'ai déja traité cet objet plus haut, & j'y renvoie mes lecteurs.

Les raisons que vous donnez ici pour ne point regarder ces dépenses comme liées au Privilége, ne sont pas recevables ; c'est, dites-vous, *que le Privilége a été accordé pour l'utilité de l'Etat, & que l'attribution des plus beaux droits du trône ne pouvoit jamais avoir eu lieu par économie.*

Le motif bien ou mal entendu qui a fait accorder le Privilége, ne change rien aux conditions auxquelles on l'a accordé. Le Souverain a pu donner le Privilége exclusif pour l'utilité de l'État, & pour l'utilité de l'État aussi, il a pu charger la Compagnie exclusive des dépenses de souveraineté, & c'est ce qu'il a fait. Ne seroit-ce pas le comble de la déraison & de l'injustice de dépouiller tous les Citoyens du Royaume du droit au commerce de l'Inde ; de soumettre la Nation entiere au Monopole ( car c'en est un ) d'une Compagnie exclusive, d'accorder à cette Compagnie des gratifications, des exemptions, des graces & des secours de toute espece, de soutenir des guerres à six mille lieues pour le maintien de ses établissemens, & de la dispenser elle-même de tous les frais de guerre & de souveraineté. De quel prétexte pourroit-on donc alors se servir pour présenter cette Compagnie comme utile à l'État? Le Privilége exclusif, quand on est assez malheureux pour l'accorder, doit au moins payer ses dépenses, sans quoi c'est une double injustice.

La dignité que vous mettez pour le trône, à ce que *l'attribution des dépenses de souveraineté ne puisse jamais avoir lieu par économie,* est encore une chose bien étrange. Eh, Monsieur, la véritable dignité, les plus beaux droits du trône sont de faire le bonheur du peuple, & parmi les causes de son bonheur, la liberté & l'économie dans les dépenses publiques sont les principales. Les Nations, dont vous citez l'exemple, pour justifier les compagnies exclusives, ont elles même mis les dépenses de souveraineté à la charge des Compagnies. Si l'ignorance des principes a pu laisser former ces établissemens sur les ruines de la liberté, aucun Gouvernement au moins n'a imaginé qu'il ne fût pas très-beau & très-noble, en donnant des Priviléges à des Compagnies, de soulager le revenu public de ces frais immédiatement utiles au commerce, & que le commerce paroît devoir payer. Les Compagnies Angloifes & Hollandoifes ont été formées fur ce plan, fans que perfonne, avant vous, eut ofé dire que *cette attribution des plus beaux droits du trône ne pouvoit avoir lieu par économie.*

Enfin, Monfieur, que propofez-vous ? Enoncez vos prétentions nettement. Vous dites, que *l'obligation de payer les dépenfes de fouveraineté dans l'Inde, n'étoit pas liée inféparablement au commerce.* Que fignifie cette *obligation* qui n'eft pas *liée inféparablement.* Voulez-vous dire qu'il faut que le Roi fe charge de toutes les dépenfes que vous appellez de fouveraineté telles que la Compagnie les a faites, c'eft-à-dire, de fortifier tous les établiffemens, d'y entretenir des corps de troupes, d'y foutenir la guerre par terre & par mer, en confervant le Privilége exclufif à la Compagnie, en continuant de lui donner des fecours confidérables en rentes, gratifications, exemptions droits, &c? J'ofe croire qu'il n'y a point d'homme éclairé qui ne regardât cette difpofition comme injufte envers les Citoyens, & funefte pour l'État. Si le Roi peut faire des dépenfes de cette nature, encore vaut-il bien mieux, encore eft-il plus jufte de les faire pour tous les Citoyens qui contribuent tous par les impôts, à fournir au Gouvernement de quoi faire ces mêmes dépenfes.

Vous continuez de me tracer la route par laquelle j'aurois du marcher. J'aurois du trouver *qu'on pouvoit fixer les dépenfes de Souveraineté, & proportionner au bénéfice apparent du commerce, la part quon laifferoit à la Compagnie.*

Il eft bien fingulier que vous me reprochiez de n'avoir pas fait, ce que vous n'avez pas fait vous-même. Que ne nous apprenez-vous le moyen de fixer les dépenfes, & de déterminer la part qu'on en devoit laiffer à la Compagnie. Je n'avois nullement befoin de faire cette diftinction, moi, qui crois qu'il faut lui laiffer tout, mais vous, qui croyez que l'État en doit faire au moins une partie, faites-nous connoître quelle portion en doit demeurer à la charge des Privilégiés? C'eft manifeftement ce que vous auriez du faire, & ce que vous ne faites point.

Vous vous étendez, pages 29 & 30, fur les effets funestes pour la Compagnie, qu'a produit la forme de fon administration, corrigée heureusement en 1764, & rétablie en Juin 1768, & fur la nature de l'action, deux circonstances qui, étouffant l'esprit de propriété, ont du conduire la Compagnie à fa perte.

Voyez d'abord combien tout cela est étranger aux véritables questions qu'il s'agissoit de traiter. Je puis convenir avec vous de tout ce que vous dites. Je conviendrai que l'ancien régime étoit mauvais, qu'on a bien fait de le détruire en 1764, & mal fait de le rétablir en 1768. Que conclurez-vous de mes aveux, & laquelle de mes assertions pourrez-vous combattre par les concessions que je vous aurai faites. Je dis que la Compagnie a toujours perdu, & qu'elle ne peut pas aujourd'hui continuer fon commerce, faute de moyens, & vous me montrez les causes de fes pertes & de fes besoins actuels dans la forme vicieuse de fon administration. A la bonne heure. En est-elle moins ruinée ? En est-elle plus en état aujourd'hui en Août 1769, de faire une expédition, & de trouver d'ici à fes premiers retours 50 à 60 millions dont elle a besoin ?

Permettez-moi aussi, Monsieur, de vous faire remarquer une contradiction bien sensible dans laquelle vous tombez ici.

A la p. 7. vous dites que la *Compagnie pouvoit recevoir, même dans le commerce, des regles salutaires de la part du Gouvernement, dont l'œil paternel parcourt la masse entiere des Citoyens, & lie continuellement le présent à l'avenir.* Ici vous vous plaignez que cet œil paternel, qui après tout ne peut tout voir par lui-même, ait voulu connoître & diriger vos opérations par des Directeurs & un Commissaire.

Plus haut, les Compagnies exclusives font de beaux établissemens, parce que le Gouvernement peut leur donner *des regles salutaires, même dans le commerce.* Ici c'est l'intervention du Gouvernement qui a tout gâté dans les affaires de la Compagnie.

Ces deux assertions me paroissent inconciliables, mais vous ne tenez visiblement qu'à la derniere, & on voit bien que la premiere vous est échappée contre votre opinion.

A la page 7. Vous vouliez défendre le Privilége exclusif

de la Compagnie par l'autorité de Louis XIV & de Colbert qui l'ont établie. Il vous convenoit de parler des effets salutaires de l'intervention du Gouvernement & des avantages que la Compagnie devoit trouver à être sous l'œil paternel de l'autorité. Mais ici, pour défendre la Compagnie, vous êtes forcé de dire qu'il lui eût été plus avantageux que le Roi ne se fût jamais mêlé de ses affaires, & l'eût laissée libre & indépendante dans l'exercice de son commerce, & c'est ce que je pense comme vous, & ce qui ne fait rien aux questions importantes que vous deviez traiter. Mais ce dont je ne suis pas persuadé, c'est que la nature même d'une grande Compagnie à Privilége exclusif, dans un État comme celui-ci, avec toutes les circonstances dont elle est environnée, eût permis de faire autrement.

Oui, Monsieur, je crois comme vous, que l'intervention du Gouvernement ne peut que nuire à une entreprise de commerce, parce que les deux bases sur lesquelles tout commerce doit être établi, sont l'économie & la liberté.

Il est cependant juste de faire à cette maxime quelques exceptions, & malheureusement pour la Compagnie, peut-être est-elle dans le cas. Permettez-moi de vous proposer quelques doutes à ce sujet.

Si une Compagnie avoit un capital assez considérable pour influer fortement sur l'État des effets publics, & nuire à des opérations de finance, mauvaises peut-être, mais que le Gouvernement employeroit; si le Souverain étoit propriétaire d'une quantité considérable d'actions; si cette Compagnie pouvoit, par des ordres donnés à ses Employés & Chefs de comptoirs, compromettre la sûreté des établissemens, & allumer tout-à-coup une guerre dans l'Inde, & peut-être en Europe; si cette même Compagnie s'adressoit au Gouvernement dans ses besoins, & si elle en recevoit des secours continuels & considérables, ne faudroit-il pas qu'il y eut dans cette Compagnie un Commissaire du Roi?

Est-il juste qu'un emprunt, qu'une opération de finance puisse se faire par une Compagnie, dans un état de choses où le Roi lui-même fait des emprunts & des opérations de finances,

nances, fans que les délibérations de la Compagnie puiffent être connues du miniftere?

Etoit-il jufte que le Roi devenu propriétaire d'un cinquieme des actions & des fonds de la Compagnie, n'eut pas un Repréfentant aux affemblées de la Compagnie?

Etoit-il jufte que la Compagnie pût précipiter l'Etat dans une guerre qu'il eut été impoffible au Gouvernement de prévoir & de prévenir?

Etoit-il jufte que le Roi donnant à la Compagnie, à quelque titre que ce fut, même fi l'on veut, comme remplacement de dépenfes faites par la Compagnie, en quarante ans, près de 400 millions, c'eft-à-dire, année commune, 9 ou 10 millions, n'eut pas à la Compagnie un Commiffaire chargé de fuivre l'emploi de ces fonds?

Je ne fais trop ce que vous pouvez répondre à ces queftions; il faut être de bon compte : je fuis, plus qu'un autre, partifan zélé de la liberté, qui fe concilie avec les loix & la conftitution de l'Etat dans lequel je vis; mais je trouve étrange qu'on reclame, avec tant d'affurance & fi peu de fcrupule, la liberté pour une Compagnie exclufive de commerce qui fe rend elle-même efclave par fes fautes & fes befoins. La Compagnie des Indes s'eft faite financiere; il faut donc qu'elle foit fubordonnée à l'Adminiftration de la finance. Elle eft devenue militaire, il faut qu'elle ne puiffe pas embrafer, à fon gré, l'Inde & l'Europe pour les intérêts de fon commerce. Enfin elle demande des fecours & des graces du Roi, & c'eft une maxime univerfelle qu'en demandant on fe rend dépendant. Mais tous ces inconvéniens que je crois terribles pour les grandes Compagnies, font auffi une objection contr'elles, à laquelle je ne connois point de folution, parce qu'en même tems qu'ils font terribles, ils font inévitables; ils le font au moins en France. Je ne puis qu'indiquer cette réflexion que beaucoup de perfonnes ont faite avant moi, & que je me difpenferai de développer. On n'eft donc pas en droit de défendre la Compagnie, en difant que fes affaires font mauvaifes, parce que le Gouvernement s'en eft mêlé; il faut au contraire convenir que la Compagnie eft un mauvais établiffement parce qu'il étoit trop difficile que le Gouvernement ne s'en mélât

O

pas, & ultérieurement parce qu'une Compagnie de commerce dont le Gouvernement fe mêle, fera toujours un mauvais établiffement de commerce.

Vous terminez vos inftruations en me difant que ces diverfes confidérations que j'aurois du faire, m'auroient appris *qu'on pouvoit diminuer les dépenfes d'armement, empêcher les pacotilles, & trouver divers moiens d'amélioration* pour la Compagnie des Indes, & que ma négligence fur ces points *prouve que je n'ai pas fait le tour de l'objet que je voulois confidérer.*

Ces reproches font injuftes. Je n'étois point obligé de rechercher s'il y avoit dans la nature des chofes un fyftême de Compagnie exclufive pour le commerce des Indes, qui ne fût pas fujet à tous les inconvéniens qui ont accompagné celui contre lequel je m'élevois. Je crois qu'il n'y a point de Privilége exclufif conciliable avec l'intérêt du commerce & le bien d'une Nation; j'en ai donné plus d'une raifon. Une autre Compagnie exclufive faite fur un meilleur plan, pourroit peut-être ne pas fe ruiner, ne rien coûter à l'Etat fur le revenu public, &c, & n'en être pas moins contraire par beaucoup d'autres endroits, aux principes d'une bonne Adminiftration; par exemple, en ce qu'elle feroit une atteinte à la liberté des Citoyens; en ce qu'elle feroit un obftacle au libre effor de l'induftrie, qui fe déploye toujours au plus grand avantage de la Société politique, &c. Mais quand il y auroit un fyftême pareil à l'abri de tous les inconvéniens connus, je n'étois pas obligé de le trouver. J'ai raifonné fur l'état actuel; j'ai vû la Compagnie actuelle; j'ai vû qu'elle s'étoit ruinée; que conftituée comme elle eft, elle fe ruineroit encore. J'ai dit que la liberté du commerce pouvoit remplacer cet établiffement, que je ne détruis point, mais qui fe détruit lui-même. Sur quelle raifon pouvez-vous prétendre que j'étois dans l'obligation de raifonner fur des poffibilités, fur les moiens qu'il pourroit y avoir de rendre une Compagnie exclufive moins expofée aux inconvéniens qui ont ruiné celle-ci? C'étoit à vous à nous donner ce plan; mais vous dites que *vous croyez inutile d'entrer dans le détail de ces moiens d'amélioration.* Si cette raifon eft bonne pour vous, elle eft encore meilleure pour moi, car affurément je crois très-inutile d'entrer dans aucun détail des moiens *d'améliorer une Compagnie exclufive.*

Après avoir employé quatre pages à m'expliquer ce que j'aurois dû faire, vous paffez enfin à traiter l'article des bénéfices du commerce.

C'étoit une des queftions les plus intéreffantes entre vous & & moi. Les bénéfices de l'achat à la vente font de deux fortes; fur les marchandifes d'envoi dans l'Inde & fur les marchandifes de retour. Les premiers font employés dans l'Inde à former les cargaifons avec les fonds en argent qu'on y fait paffer : les feconds, font le réfultat de la vente en Europe. De la quotité des uns & des autres dépend le fuccès de toutes les opérations de la Compagnie. Les calculs d'après lefquels les Députés ont dreffé l'état de fituation de la Compagnie, & en particulier le produit d'une expédition, fuppofent les bénéfices fur les envois à 35 p. ⅖, & ceux fur les retours à 75. On peut voir dans mon Mémoire que c'eft à la faveur de cette double fuppofition qu'on eft parvenu à trouver fur une expédition de douze vaiffeaux un bénéfice de 1,760,000 liv.

J'ai prouvé, ou du moins prétendu prouver qu'on ne pouvoit pas compter fur plus de 25 p. ⅖ fur l'envoi, & fur plus de 70 fur les retours. (On a vû plus haut un fait connu depuis l'impreffion de mon Mémoire, qui rabaiffe encore la fixation que j'ai donnée aux bénéfices fur les envois.) De cette réduction une fois établie, j'ai conclu que fur une expédition de 12 vaiffeaux, la Compagnie recevant toujours du Roi une gratification annuelle de 1,050,0000 liv., perdroit 1,380,200 liv. loin de gagner, & que fi cette gratification étrangeré au produit du commerce, étoit défalquée, on trouveroit que la Compagnie loin de faire aucun bénéfice, feroit une perte de 2,430,200 liv.

J'ai dit encore que même en fuppofant les bénéfices à 35 & à 75 p. ⅖, il n'y auroit que 710,000 liv. de profit, fi l'on défalquoit, comme il eft jufte, la gratification de 1,050,000 liv. des bénéfices du commerce.

Il me femble que ces calculs & les raifonnemens qui les accompagnent méritoient que vous vous en occupaffiez; au moins deviez-vous dire qu'ils étoient faux. Cependant toute votre critique eft que *le tableau du profit d'une expédition n'eft pas préfenté dans mon Mémoire d'une maniere à en donner une jufte idée; que j'aurois dû faire mention d'une circonftance dont vous avez ouï par-*

*ler p.* 31, & qu'*il y en a une autre fur laquelle j'ai donné une no-*
*tion erronée.* 32 ( N. B. que de ces deux circonſtances l'une n'eſt
d'aucune importance, & l'autre eſt étrangere à la queſtion
de la quotité des bénéfices.) Et enfin que *dans l'évaluation des*
*bénéfices j'aurois dû diſtinguer l'époque de 1764 à 1768, de toutes*
*les autres.* P. 33.

Je dis, Monſieur, que ce n'eſt pas là répondre, parce que
quand ces reproches feroient fondés, ils portent ſur des objets peu importans, ou incidens & étrangers à l'état de la queſtion, & ſur-tout parce que ce n'eſt pas prouver que les bénéfices font de 35 & 75 p. :, ni détruire les raiſons ſur leſ-
quelles j'ai établi le contraire, & que c'étoit là ce qu'il falloit
diſcuter.

Mais j'ajoute que, même ſur ces points de peu d'importance
& étrangers à la queſtion, vos obſervations ne font pas juſtes.

1º Vous dites qu'*un bénéfice de* 1,760,000 *liv.*, *comparé à* 22
*millions de débourſé*, *forme un placement d'argent de* 11 : *pour* :
*par an*, & *que vous doutez que beaucoup de gens s'en ſoient apper-*
*çus.* A la bonne heure, c'eſt là une vérité arithmétique que vous
m'apprenez ; mais cette vérité demeure en l'air, & n'a aucune
application aux queſtions dont il s'agiſſoit entre vous & moi.
Je n'ai pas dit, & je ne ſuis pas convenu que la Compagnie
retirât 1, 760, 000 l. de bénéfice net d'une expédition de douze
vaiſſeaux. Je l'ai nié formellement. Ce bénéfice ne peut ſe trouver que dans la ſuppoſition que les marchandiſes d'envoi rendent de l'achat à la vente dans l'Inde 35 p. :, & les marchandiſes de retour, 75 à leur vente en Europe, & j'ai nié ces
deux ſuppoſitions. D'ailleurs j'ai remarqué, que même en
les accordant, il feroit juſte de défalquer de ce prétendu
produit la gratification de 1,050,000 liv., qui n'eſt pas un bénéfice du commerce, ce qui réduiroit le bénéfice net à 710,000
livres.

En quoi donc ſervez-vous votre cauſe & combattez-vous
mes aſſertions, lorſque vous avertiſſez que 1,670,000 *liv. mis*
*fous une ſomme de* 22 *millions font* 23 *pour cent pour deux ans*,
& 11 & *demi pour cent par an.*

Votre ſecond reproche eſt que je n'ai pas averti, en parlant des bénéfices ſur les marchandiſes de l'Inde, qu'*il y avoit*

*une différence confidérable entre celui qu'on faifoit fur les marchan-*
*difes achettées comptant, & fur les marchandifes pour lefquelles on*
*avoit fourni des avances.*

Eh bien, Monfieur, il y a une différence confidérable, je
le crois, & je l'avois dit ; mais, malgré cette différence, j'ai
prouvé, ou prétendu prouver, que le bénéfice de l'achat à la
vente fur les marchandifes de l'Inde, ne feroit que de 70 pour
cent. Il étoit donc inutile que je fiffe mention de cette circonftance ; mais il étoit néceffaire pour votre caufe que vous
prouvaffiez qu'elle opéroit en France fur la totalité des retours, un bénéfice de 75 pour cent, & c'eft ce que vous ne
faites pas.

Vous m'apprenez en troifiéme lieu, qu'un fait relatif à un
paiement de lettres de change dans l'Inde, que j'ai énoncé
d'après une lettre écrite de l'Inde par le chef du comptoir
de Chandernagor, que ce fait, dis-je, n'eft pas exact.

D'abord, Monfieur, que s'enfuivra-t-il de votre remarque ?
Je n'ai tiré aucune conféquence de calcul de cette obfervation. Je n'ai pas porté en ligne de compte un million au paffif
de la Compagnie, à raifon de cette perte fur fes traites
pour Bengale. J'ai énoncé ce fait à la page 92, avec beaucoup d'autres, tous tirés de lettres écrites de l'Inde, pour
prouver *que beaucoup de caufes diminueroient dans la fuite les bé-*
*néfices de l'achat à la vente, loin qu'on pût efpérer de les voir*
*augmenter ;* le fait des lettres de change peut donc être faux,
fans que cette propofition en foit moins folidement prouvée
par tous les autres qu'on ne peut affurément pas contefter.

En fecond lieu, je veux croire que le fait n'eft pas vrai ; je
n'ai le tems ni la volonté de conftater, fi ce que vous en dites
vous-même eft bien exact ; mais je m'en rapporte à vous très-
fincérement. Vous avouerez au moins, que j'étois affez fondé
à croire que la Compagnie *couroit rifque de perdre un million*
*fur les traites de Bengale,* en lifant dans une lettre écrite de
Chandernagor, par le chef du comptoir : *Si les chofes ne chan-*
*gent point, la Compagnie perdra plus d'un million fur fes traites*
*pour Bengale.* Si je me fuis trompé, il faut avouer que c'eft
perdre à beau jeu.

Mais, vous prétendez que mon ignorance n'eft pas excufable, parce que j'aurois pu caufer avec des perfonnes, qui pouvoient du moins ajouter à mes lumieres la connoiffance de quelques faits; que je m'annonce pour proclamer la verité & que j'ai négligé les précautions néceffaires pour la reconnoître. Je ne doute point du tout que ces perfonnes ne puffent ajouter beaucoup à mes lumieres, & fur les principes & fur les faits; mais j'avoue que ce n'eft pas en caufant, que je puis profiter de leurs connoiffances; la difcuffion des principes eft trop difficile à fuivre en converfation, & ma mémoire ne retient point les faits que j'entends; les converfations me font par-là très-rarement & très-peu utiles, & quoique je cherche la vérité fans m'annoncer pour la proclamer, cette précaution ne me paroît pas néceffaire, & perfonne ne peut me favoir mauvais gré de l'avoir négligée.

Mais voici une grande objection, qui a, dites-vous, fixé l'attention de tout le monde. C'eft que j'ai eu tort de comparer le Bilan de 1756 avec celui de 1769, & de joindre enfemble des époques qui n'avoient aucune reffemblance, celle de 1756 à 1764, tems de guerre & d'interruption du commerce, & celle de 1764 à nos jours, tems de paix & d'opérations de commerce; qu'il falloit préfenter cette derniere toute feule, & dire que les bénéfices depuis 1764, ont été de 11 millions, ( felon les députés) afin que le public voyant en 1769. 71 millions de perte depuis 1756, n'en attribuât pas les cinq treiziémes aux opérations faites depuis 1764.

C'eft donc là une grande objection, voyons fi elle foutient l'examen.

J'ai déja remarqué plus haut que les défenfeurs de la Compagnie s'efforcent toujours de nous préfenter fon commerce pendant la paix, & de détourner tant qu'ils peuvent, leurs yeux & les nôtres des années de guerre. Ils les regardent & veulent les faire regarder comme non avenues. Malheureufement elles demeurent dans les regiftres auffi bien que dans l'hiftoire, & puifqu'elles y font, lorfqu'on confulte les regiftres, il faut bien en faire mention.

C'eft précifément, Monfieur, cette omiffion des années de guerre & de perte, que vous regrettez que je n'aye pas faite en donnant le bilan de la Compagnie. Mais aurois-je fait une chofe raifonnable en fuivant votre confeil? Pourquoi aurois-je préfenté les années de paix détachées de la guerre qui les a precedées? J'aurois trompé ceux que je voulois inftruire. J'ai préfenté la paix comme compenfant la guerre, & la guerre comme compenfant la paix. J'ai comparé auffi le bilan de 1743 à celui de 1756, & dans cet intervalle de 13 ans, exactement femblable à celui de 1756 à 1769, il y a eu auffi une guerre & une paix : pourquoi ne me reprochez vous pas auffi d'avoir réuni ces deux époques? La guerre eft un des accidens du commerce. Lorfque je veux reconnoître les produits d'un commerce quelconque, fi je le confidére dans les feules années ou nul obftacle ne l'arrête, où fes dépénfes font les moindres & fes opérations les plus faciles, j'en donnerai une très-fauffe idée. En toute efpéce de calcul, c'eft une année commune qu'il faut trouver; or l'année commune fe fait des bonnes & des mauvaifes, des pertes & des gains, de la guerre & de la paix. Cela eft de toute évidence.

Quel avantage même trouveriez vous à ce que j'euffe féparé l'époque de 1756 à 1764, & celle de 1764 à 1768. A la vérité on verroit dans cette derniere des profits confidérables des ventes en marchandifes de l'Inde de 9, 10 & 15 millions; mais auffi dans l'époque précédente, on verroit des pertes affreufes, des dépenfes continuelles fans commerce pour y fournir, des ventes de deux, d'un million : que dis-je, de quelques 100 mille livres, & jufqu'à une année de 17 mille francs. Alors la dégradation du capital qui eft de 71 millions, de 1756 à 1772, (car c'eft jufques-là que j'ai pouffé l'état de fituation, bien avantageufement fans doute pour la Compagnie) alors, dis-je, la dégradation feroit de 1756 à 1764 de plus de 100 millions, & ce tableau ne feroit-il pas affez effrayant pour détruire toute la confiance qu'on pourroit prendre au commerce de la Compagnie dans les années de paix qui fuivent, quand l'on auroit préfenté celles-ci à part.

Il me femble même que fi j'avois ainfi féparé les deux époques, on auroit pû me faire, & peut-être vous même m'auriez-vous fait des reproches plus fondés. On auroit pû me dire qu'il étoit fort injufte de préfenter le commerce de la Compagnie pendant huit années de guerre, féparé des avantages qu'il

apporte pendant la paix; qu'il ne m'a pas été difficile de
trouver une dégradation énorme de capital en ne prenant
que les tems les plus défavorables, & en les présentant à part, &c.
& cette critique, Monsieur, seroit bien juste & plus juste que
la vôtre.

Vous dites qu'en présentant ainsi le produit du commerce
de la Compagnie pendant treize années prises en bloc, on
donne à entendre *que les cinq treiziémes de la perte de* 71
*millions doivent être attribués aux opérations de commerce depuis*
1764.

Tout ce qu'on donne à entendre par cette maniere de présenter le produit du commerce de la Compagnie, est que les
cinq treiziémes de la perte de 71 millions doivent être *ré-*
*partis* sur les cinq années depuis 1764. Or il est vrai que sur
chacune des années depuis 1764, il faut répartir un treiziéme
de la perte totale de 1756 à 1768. Mais on ne donne point à
entendre par-là que les cinq treiziémes, ni même qu'aucune
partie de cette perte doive être attribuée aux opérations de
commerce depuis 1764; puisque, malgré l'union des treize
années pour en former le produit commun du commerce, il
pourroit très-bien se faire que toute la perte fut des huit premieres années & tout le profit des cinq dernieres; une année
commune n'empêche pas cette inégalité dans les profits &
les pertes d'une partie de l'époque à l'autre; elle la com-
pense. Tout le monde sait cela, & personne ne peut y être
trompé.

Ne craignez donc pas, Monsieur, qu'on pense que la Compagnie a perdu depuis l'époque de 1764, par les opérations
de son commerce. Je ne l'ai ni dit ni donné à entendre. Je crois
qu'elle a gagné dans cet intervalle. Vous convenez vous-
même que je n'ai pas dit le contraire. Je n'ai pas pensé qu'il
fût nécessaire que j'en avertisse le Public, parce que à mon
avis cette circonstance ne change rien du tout à l'opinion
qu'on doit avoir du commerce de la Compagnie. Mais c'est-
là une omission dont je ne crois pas que personne ait droit
de me faire un crime.

A la vérité, j'ai dit que dès 1764, les Actionnaires prévoyoient que leurs fonds seroient bientôt consumés, & que

ce fut ce motif qui les détermina à faire mettre leur rente
de 80 livres à l'abri des hazards du commerce. Mais je n'ai
pas dit qu'ils prévoyoient qu'ils seroient consumés dans les quatre années de 1764 à 1768. Je n'ai voulu exprimer par-là
que la défiance générale & fondée que les événemens de la
derniere guerre, & l'état de la Compagnie devoient leur donner pour des tems à venir, sans terme limité.

Cette défiance subsistoit encore en 1768, puisqu'ils ont re-
fusé de renoncer alors aux dispositions de l'Edit de 1764;
mais je n'ai jamais prétendu que la Compagnie ne pût avoir,
pendant quelques années de paix, un commerce florissant &
avantageux. J'ai seulement voulu toujours qu'on ne perdit
pas de vue les années de guerre; &, dans la combinaison des
unes & des autres, j'ai toujours trouvé des raisons de compter peu sur des profits, & de craindre une détérioration de
capital, confirmée par une expérience de quarante ans, &
contre laquelle rien ne peut me rassurer.

Il me reste à me justifier sur une phrase que vous me reprochez d'avoir employée, & qui, selon vous, est injurieuse pour
les Députés des Actionnaires.

J'ai dit que les Actionnaires prirent le parti de se faire assurer les 80 liv. de rentes, *malgré les belles espérances dont on les*
*flattoit.*

*Cette phrase*, dites-vous, *ne peut regarder que les Députés des*
*Actionnaires, dont quelques-uns sont devenus ensuite Administra-*
*teurs, car ce sont eux qui ont donné l'idée de l'arrangement pris*
*en 1764, à quoi vous ajoutez qu'on peut se négliger dans les ju-*
*gemens qu'on porte sur les choses, mais que ce qui tient aux hom-*
*mes exige plus de soin.*

Je puis vous protester avec vérité qu'en disant qu'en 1764,
on flattoit les Actionnaires des belles espérances, je n'ai
point entendu parler des Députés. *On* ne signifie rien en cet
endroit, que *ceux* qui croyant que le commerce de la Compagnie alloit être fort lucratif, & détournant leurs yeux des pertes passées & des hazards d'une guerre possible, flattoient les
Actionnaires d'espérances que je crois mal fondées. Mais quand
par ces personnes j'aurois entendu les Députés de 1764, je ne
vois pas en quoi j'aurois pu les blesser, en disant qu'ils ont flatté

P

les Actionnaires d'espérances mal fondées. Je ne dis pas qu'en donnant ces espérances aux Actionnaires, eux-mêmes ne les crussent pas solides. S'ils ont eu des idées avantageuses du commerce de la Compagnie, ils ont fort bien fait de s'efforcer de les communiquer aux Actionnaires : je ne les blâme point en cela. Que si vous trouvez que je les insulte en disant qu'ils se sont abandonnés à des espérances peu solides, je ne puis souscrire à ce jugement; j'ose dire qu'aucun homme juste, & connoissant les droits de la liberté des opinions en une matiere pareille, ne se joindra à vous pour me condamner. Ce que j'ai dit ne tenoit donc point aux hommes, n'attaquoit personnellement aucun homme. Je ne prends donc point pour moi la leçon que vous me donnez, & si je me suis négligé *dans le jugement que j'ai porté des choses*, je n'ai point à m'excuser de la négligence que vous me reprochez *sur ce qui tenoit aux hommes*, car je n'ai voulu blesser ni blessé personne, & j'ose dire que mon Mémoire ne présente en aucun endroit de pareilles personalités.

Je vous suis, Monsieur, dans ce que vous dites *de la possibilité d'emprunter*.

Je remarque d'abord que si vous aviez donné à ce chapitre le véritable titre qu'il devoit avoir, ou vous ne l'auriez pas achevé, ou je serois dispensé d'y répondre.

J'ai prétendu prouver que la Compagnie a besoin, pour continuer son commerce, de 60 millions. Vous n'avez pas prouvé le contraire. Votre chapitre devoit donc avoir pour titre *de la possibilité d'emprunter* 60 *millions*.

Je suppose même que vous eussiez démontré que j'outrois les besoins de la Compagnie, vous ne pouviez pas vous dissimuler, & votre réponse renferme même cet aveu, qu'elle avoit besoin au moins de 47 millions. Car vous adoptez l'évaluation de vos Députés. Vous avouez d'ailleurs, ( & quand vous ne l'avoueriez pas, vous le saviez à n'en pas douter ) que le Gouvernement ne payera qu'en contrats les 14 millions dont il est débiteur envers la Compagnie. 33 & 14 font 47. Il falloit donc intituler votre chapitre *de la possibilité d'emprunter* 47 *millions*.

Cependant vous vous bornez à prouver, & encore comment, que la Compagnie *n'est pas dans l'impossibilité démontrée* de trouver 33 millions. *Pourquoi*, dites-vous, *la Compagnie n'auroit elle pas trouvé* 33 *millions, p.* 36 ? Tout le monde voit qu'il n'est pas aussi facile de trouver 60 millions, ni même 47, que 33. On ne voit point que vous prouviez que la Compagnie n'a pas besoin de la premiere de ces sommes. En tout cas vous ne pouvez nier qu'elle n'ait besoin de la seconde. Vous ne prouvez donc pas la véritable *possibilité d'emprunter* que vous deviez établir.

Mais, pour vous être dispensé de viser au véritable but, vous n'en atteignez pas mieux à celui que vous vous êtes donné.

Vous commencez par dire que, *quand les Actionnaires se sont occupés de la continuation du commerce, ils ont supposé que le Gouvernement envisageoit toujours la Compagnie comme un établissement utile,* pag. 34. Mais vous n'ignorez pas que les idées actuelles qu'on a de l'utilité de la Compagnie, sont bien différentes de celles qu'on a eues anciennement. Il ne falloit pas raisonner dans une supposition dont la fausseté étoit connue. D'ailleurs, dire que la Compagnie peut continuer son commerce, parce qu'*en supposant que le Roi continue de la regarder comme un établissement utile, il lui accordera des secours* ; lorsqu'on sait que Sa Majesté & son Conseil ont cessé de regarder la Compagnie comme un établissement assez utile, pour qu'on lui donne de nouveaux secours aux dépens du revenu public, c'est sentir l'impuissance réelle de la Compagnie, & en refuser l'aveu, ou du moins ne vouloir pas le faire de bonne grace. C'est ainsi qu'en commençant à attaquer la proposition que j'ai établie, que la Compagnie est dans l'impossibilité de trouver les moiens de continuer son commerce, vous convenez de cette même impossibilité.

L'insuffisance de 33 millions, la nécessité d'en trouver 47, & l'impossibilité de trouver cette somme sont autant de suites de vos propres aveux; car après avoir dit que les Actionnaires apprenoient de moi que le Gouvernement ne pourroit payer qu'en contrats les 14 millions, ( chose que vous & cent Actionnaires saviez parfaitement avant moi ) vous dites que les Actionnaires n'ont jamais imaginé pouvoir continuer le commerce sans un secours du Gouvernement, proportionné du moins aux droits légitimes & reconnus de la Compagnie, parce qu'*ils n'ont jamais prétendu surmonter toutes les difficultés qu'on pouvoit leur opposer.*

Ou cet endroit est inexplicable, ou il signifie que le Roi payant à la Compagnie en contrats seulement, les 14 millions qu'il lui doit, elle ne peut pas continuer le commerce. Or vous saviez parfaitement que le Roi ne pourroit payer qu'en contrats; vous deviez donc convenir que la Compagnie ne pouvoit pas continuer le commerce, & vous épargner la peine d'écrire tout ce que vous dites de la possibilité absolue d'en trouver 33.

Vous employez beaucoup de soin à désavouer la demande qu'ont faite vos Députés au Roi de 30 millions. Vous dites que *j'ai eu tort* de donner le nom de *demande* au Mémoire qu'ils ont remis au Ministre; que c'étoit un *rapport* qu'ils n'ont pu se dispenser de faire des *projets* qu'on leur avoit communiqués, & vous ajoutez que les Actionnaires n'auroient jamais formé les *réquisitions dont je parle.*

Je remarque que le mot que vous me proposez de substituer à celui de demande, n'est pas bien choisi. La *réquisition* indique une espéce de droit à la chose qu'on requiert, & sûrement vous ne voulez pas dire que la Compagnie eut droit aux 30 millions que vos Députés ont demandés, au moins en entier.

Vous abandonnez vous-même cette dénomination en disant que la démarche des Députés n'est que le *rapport* d'un *projet.* Mais vous donnerez à la chose le nom que vous voudrez, ce sera le *rapport* d'un *projet;*

Espece de projet,
Projet simple, très-simple, & de ceux que l'on fait Presqu'en l'air.

toujours sera-t il vrai qu'il y est question de faire donner par le Roi, à la Compagnie, 30 millions, dont quatre seulement de liquides actuellement, dix qui seront dus par Sa Majesté, & seize qu'Elle auroit donnés gratuitement.

Vous me prescrivez, Monsieur, d'être persuadé que les

Aŝionnnaires n'auroient jamais fait cette *réquifition* ou *projet*, & fur quel fondement l'affurez-vous? d'où le favez-vous? Vous ne pouvez répondre que de votre opinion perfonnelle, & non de celle de quatre cent perfonnes affemblées qui ne vous ont pas chargé de leur procuration pour penfer pour elles. Je vois les Députés & Adminiftrateurs des Aŝionnaires préfenter ce plan, comme le feul qui leur ait paru propofable, ce qu'ils ne feroient pas s'ils penfoient que les Aŝionnaires doivent le défavouer. Il me femble que dans la queftion, fi ce projet devoit ou ne devoit pas être défavoué des Aŝionnaires, votre autorité eft plus récufable que la leur.

Le motif pour lequel vous ne voulez pas qu'on croie que les Aŝionnaires auroient pu approuver cette *réquifition*, eft au fond la crainte que vous avez qu'on n'argumente contre la Compagnie de ce befoin qu'elle avoueroit avoir des fecours du Roi; fecours qui, ne pouvant lui être accordés, la laifferoient dans l'impoffibilité démontrée de continuer fon commerce. Mais, Monfieur, vous ne pouvez pas gagner beaucoup à ce qu'on foit perfuadé que les Aŝionnaires n'auroient jamais demandé ces fecours, car je ferai le même argument fur la feule autorité des Adminiftrateurs & Députés de la Compagnie, & je dirai : les Députés & Adminiftrateurs, qui connoiffent fort bien & les befoins & les reffources de la Compagnie, croient néceffaire de demander au Roi 30 millions pour continuer le commerce. Le Roi ne peut leur accorder cette fomme; la Compagnie eft donc dans l'impoffibilité de continuer le commerce.

D'ailleurs fur quel fondement voulez-vous que je croie à cette réferve extrême des Aŝionnaires, à demander au Roi ce qui ne leur étoit pas dû? Eft-ce que vous prétendriez férieufement que jamais les Aŝionnaires ou plutôt, la Compagnie n'a demandé & obtenu du Roi aucune grace, aucun fecours gratuit, aucune fomme qui ne fût pas due. Soutiendriez-vous toujours que les 80 millions accordés en 1747 étoient dus à la Compagnie par les titres les plus refpeŝables, & que le Roi ne *ne lui a rien donné que ce qu'il lui devoit légitimement?* En effet, il faut bien que vous le foûteniez, car vous l'a-

vez dit, mais je l'oubliois, tant cette prétention me paroît insoutenable.

Enfin, pourquoi voulez-vous défendre les Actionnaires d'a-
voir demandé au Roi de nouvelles graces? Ce n'est pas un
crime. Ils croient que l'établissement de la Compagnie est
utile, que l'Etat doit faire des sacrifices pour elle. Vous
énoncez vous-même par-tout cette opinion. Rien n'est plus
naturel, en pensant ainsi, que de demander au Roi ce qu'il
ne doit point à titre rigoureux, mais ce qu'il peut donner
pour favoriser un commerce qu'on croit utile à l'Etat. Vous
ne devez donc pas affirmer avec tant d'assurance que jamais
les Actionnaires n'auroient approuvé les demandes de leurs
Députés.

Mais je suis honteux de m'être arrêté si long-tems sur ce
sujet, par une raison qui revient souvent; c'est que rien n'est
plus étranger aux questions que vous aviez à traiter, que de
savoir si les Actionnaires se seroient déterminés conformément
ou contradictoirement aux projets des Syndics, Députés &
Administrateurs.

Après avoir décidé qu'ils n'auroient pas adopté les demandes formées par leurs Députés & Administrateurs, vous vous
chargez d'énoncer celles qu'ils auroient faites. *Ils se seroient*,
dites-vous, *bornés à demander que Sa Majesté fît en faveur de
la maniere d'exercer le commerce des Indes, qu'elle auroit estimée la
meilleure* (& que vous supposez être celle de la Compagnie)
*ce qu'elle feroit dans la nécessité de faire en faveur de celle qui lui
auroit paru la moins bonne*, c'est-à-dire, du commerce particulier, & *qu'elle suppléât en entier aux dépenses de souveraineté
dans l'Inde.*

1º Vous ne pouvez point répondre que les Actionnaires se
fussent contentés de ce seul chef de demandes à Sa Majesté.

2º Vous laissez enveloppés dans le vague & dans l'obscurité ces objets de demandes qu'ils auroient, selon vous, faites
au Roi. Dire qu'ils auroient demandé que Sa Majesté fît en
faveur de la meilleure maniere d'exercer le commerce, ce
qu'elle feroit en faveur, &c, ce n'est rien dire jusqu'à ce qu'on
articule ce que Sa Majesté peut faire, doit faire & fera.

Or, vous ne prononcez point quelle somme les Actionnaires auroient demandée au Roi. Une feule raifon a pu vous en empêcher, c'eft qu'on auroit vu clairement que cette fomme qui ne pouvoit être que modique, puifque le Roi étoit fuppofé pouvoir en faire le facrifice, n'auroit pas fuffi pour foutenir le commerce de la Compagnie.

3º Quelle que foit cette fomme, fi elle eft la même que celle que le Roi dépenferoit pour le commerce particulier, encore vaut-il mieux qu'elle foit employée à l'établiffement & au foutien du commerce de la Nation que pour une Compagnie excluſive.

4º Ces dépenfes font-elles feulement celles des comptoirs de l'Inde proprement dite? Ou bien y joignez-vous celles des Ifles de France & de Bourbon, & penfez-vous qu'il fallut rendre à la Compagnie le Privilége exclufif en fe chargeant des dépenfes que ces Colonies entraînent? Cet arrangement vous paroît-il bien jufte pour les Ifles, pour l'Etat, pour les Citoyens?

5º Quand le Roi fe prêteroit à tous ces arrangemens, la Compagnie foutiendroit-elle fon commerce? Ces arrangemens lui feroient-il trouver cinquante & tant de millions dont elle a befoin? N'eft-il pas évident que non?

Vous tâchez cependant d'établir fur cette foible bafe la poffibilité d'emprunter, & ce qu'il ne faut pas oublier, d'emprunter non pas 47 ou 50 millions, mais 33, & vous croyez établir la chofe fans replique, en me demandant *pourquoi elle ne trouveroit pas 33 millions à l'aide de ces arrangemens, & d'une protection marquée de la part du Gouvernement, deux circonftances qui auroient augmenté la confiance publique?*

Je remarque d'abord que je ne puis que répondre générale-ment à des poffibilités vagues d'emprunter qui auroient eu lieu, felon vous, *fi le Roi fe fût chargé des dépenfes, s'il eut accordé une protection marquée, fi l'Adminiftration de 1764 eut été rétablie,* &c. J'ai vû la Compagnie telle qu'elle eft; j'ai dit qu'elle ne pou-voit pas trouver les fonds dont elle a befoin pour continuer fon commerce. Lequel de nous deux, Monfieur, va plus droit au but dans l'examen de la queftion qui s'agite entre nous? C'eft au Public à prononcer.

Les arrangemens dont vous avez fait mention auroient pu en effet donner à la Compagnie un peu plus de crédit qu'elle n'en a. Mais fi le Roi ne pouvoit pas s'y prêter, dire que la Compagnie auroit pu trouver de l'argent *fi le Roi eut pris ces arrangemens*, ce n'eft pas prouver la poffibilité actuelle d'emprunter même 33 millions. Or, il paroît que le Roi ne peut pas prendre ces arrangemens.

Vous me demandez pourquoi la Compagnie ne pourra pas trouver les fommes dont elle a befoin. J'en ai dit les raifons. J'ai dit que la Compagnie n'avoit point d'hypothéque à offrir, tout ce que vous oppofez à cela ne me paroît d'aucune folidité.

Vous dites que les Négocians particuliers trouvent des fonds fans hypothéque, mais cet exemple ne prouve rien pour la Compagnie. Ces Négocians qui trouvent des fonds fi facilement ont un grand crédit, & celui de la Compagnie eft fort altéré. Si la Compagnie peut trouver des fonds fans hypothéque, pourquoi en 1764 les Actionnaires ont-ils exigé qu'on mit leurs 80 livres de rente à l'abri des rifques du commerce? Pourquoi ont-ils confirmé cette difpofition en 1768? Vous parlez de l'extinction future des rentes viageres comme d'une hypothéque qu'on peut donner. Je renvoye à ce que j'ai dit à ce fujet dans mon Mémoire, parce que vous n'y répondez point.

Vous prétendez, enfin, que la feule forme de l'Adminiftration de 1764 étant rétablie, la Compagnie auroit trouvé les fonds dont elle a befoin. Il me femble que c'eft fonder de grandes efpérances fur une amélioration de l'état de la Compagnie, qui auroit pu lui apporter quelques avantages dans la fuite, mais dont les bons effets n'auroient pas pu balancer l'atteinte que doit donner au crédit de la Compagnie l'exemple de quarante ans de pertes, fa fituation politique dans l'Inde, la poffibilité d'une guerre, la diminution des bénéfices, & les autres caufes dont j'ai fait mention.

Vous me citez l'emprunt fait en 1764, comme ayant dû fon fuccès *aux loix du régime alors établi*. Mais quel fonds voulez-vous qu'on faffe fur un pareil raifonnement? 1° Cet emprunt a été fait fous les loix du régime de 1764; mais eft-ce à cette circonftance qu'il en faut attribuer uniquement le fuccès? Le retour & le commencement de la paix, la ftagnation, pendant la guerre, d'une grande quantité de fonds, qui ne

demandoient

demandoient que des emplois,& qui se précipitoient vers les premieres ouvertures, les différences des circonstances de ces tems
d'avec le nôtre, différences qui étoient manifestement à l'a-
vantage de l'époque de 1764; que sais-je, mille causes peuvent avoir facilité cet emprunt, qui ne se retrouvent plus aujourd'hui.

D'ailleurs l'emprunt dont vous me parlez étoit de 10 millions. Il s'agit aujourd'hui de trouver pour la Compagnie,
selon vous-même, 33 millions; selon vos propres Députés &
Administrateurs, le Roi ne payant pas comptant les 14
millions qu'il doit, 46 ou 47 millions; selon moi 60. Or, je
vous demande quelle conséquence vous pouvez tirer d'un emprunt de 10 millions, pour prouver la possibilité de l'emprunt
d'une somme trois & quatre fois plus forte.

Vous me direz qu'on en auroit fait plusieurs; ainsi de
six en six mois, on auroit ouvert tantôt une loterie, tantôt un emprunt en rentes viageres, une tontine, &c. grands
expédients & bien analogues à une entreprise de commerce.

Voilà, Monsieur, les raisons qui ont fait que *mon esprit de
justice*, a oublié cet emprunt de 1764; & voilà les raisons qui
m'ont fait donner le nom de *subtilité financiere* à tout emprunt,
qu'on pourroit faire pour la Compagnie, dans les circonstances
où elle se trouve. Je n'ai eu en vue aucun emprunt en particulier. Vous me reprochez *d'avoir donné ce nom à des arrangemens que je n'entends pas.* A la bonne heure, Monsieur; mais si
je n'entends pas ces *arrangemens*, je puis les appeller *subtils*,
puisque ce mot ne signifie rien autre chose, au moins ici, que
*difficile à entendre;* je vous avoue d'ailleurs, que m'occupant
depuis plusieurs années de matieres économiques, je crois
avoir le droit d'appeller *subtil* en ce sens, ce que je n'entends
pas.

D'ailleurs, vous me fournissez vous-même une bien bonne
raison de regarder comme subtils les emprunts de la Compagnie. Car vous dites *p. 39, qu'il n'en est aucun qui n'ait eu les
succès les plus rapides; qu'ils n'ont laissé aucun bénéfice aux spé-
culateurs, c'est-à-dire aux prêteurs, l'effet acheté n'ayant jamais
valu sur la place au-delà du prix coutant: circonstances assez rares
dans les emprunts publics; & qui est le point précis vers lequel on*

Q

*doit tendre.* Affurément, Monfieur, des emprunts fi bien ména-
gés, des emprunts qui atteignent avec tant de juftefle, *au point
précis où l'on doit tendre*, des emprunts qui donnent aux prêteurs
des bénéfices à efpérer, & qui ne leur en laiffent aucun; des
emprunts pareils, dis-je, font, & peuvent être appellés *fubtils*,
ou je n'entends pas dans notre langue, le fens de ce mot-là.

J'ai appellé aufli les opérations de ce genre, des moyens dont
la fubtilité *financiere* ne manque jamais. J'ai voulu faire entendre
par-là, que je les regardois comme des opérations de finance &
non de commerce. Qu'y a-t-il d'injurieux dans cette expreffion,
& n'eft-elle pas jufte dans le fens que je lui donne? eft-ce que les
tontines, rentes viageres, loteries, font les moyens employés
communément pour fournir des fonds à une entreprife de commerce. Or, c'eft uniquement en regardant ces emprunts compliqués, les feuls qu'on puiffe, felon vous-même, employer pour la
Compagn e, comme peu analogues à la nature du commerce, que
je les ai appellés des moyens fournis par la fubtilité financiere.

Vous me reprochez, Monfieur, d'avoir énoncé l'intérêt de
l'emprunt de 1769 à près de dix pour cent par an, quoiqu'il
ne foit, felon vous, qu'à 7 ½. Je ne puis qu'oppofer au calcul
que vous faites un autre calcul qui me paroît bien mieux
fondé.

Produit de la Loterie . . . . . . . . 11,100,000 l.
Montant des Lots . . . . . . 711,670 l.
Frais de la Loterie . . . . . 10,000

Total à payer . . . . 721,670 l.

Le terme commun de la rentrée des fonds de la Loterie
pour la Compagnie, ne peut être fixé plutôt qu'au 15 Mai,
une partie de ces fonds n'ayant été payée au comptant que
poftérieurement à cette époque.

D'un autre côté, le terme moyen du rembourfement par
la Compagnie, ne peut être placé qu'au 15 Janvier 1770: la
Compagnie devant prendre pour comptant à la vente les
billets de la Loterie, ou les payer en efpeces depuis le 15
Janvier jufqu'au 28 Février; la durée de l'emprunt pour les

prêteurs & pour la Compagnie se trouve donc être de huit mois, & non de dix, comme vous le supposez. Or 721,670 l. pour 11,100,000 l. en huit mois, font 9 ⅞ pour cent par an.

Mais on peut observer que si les vaisseaux de la Compagnie fussent arrivés de bonne heure, on n'auroit pas manqué de faire la vente en Septembre ou Octobre; & comme les billets doivent y être pris au comptant, le remboursement de la somme empruntée auroit été accéléré d'un mois ou six semaines; & par-là le taux de l'intérêt auroit été augmenté d'autant. Et on ne peut pas dire, comme vous paroissez le supposer, que la Compagnie pouvoit retarder sa vente pour reculer le remboursement, parce que le produit de la vente étant beaucoup plus considérable & estimé presqu'au double des fonds de la Loterie, elle n'eut pu que perdre à ce retardement.

Vous me prêtez gratuitement d'avoir fait envisager tout emprunt de la Compagnie, comme un inconvénient pour la finance, parce qu'il détourneroit l'argent des autres emplois. Je ne me rappelle point d'avoir exprimé cette opinion, cependant je la crois vraie, & il me semble que vous y opposez une raison bien foible. C'est, dites-vous, que le succès d'un emprunt donne le signal de la confiance, & que par-là il seconde un emprunt ouvert, qui languit, loin de le contrarier.

Ce raisonnement a deux grands défauts, le premier, c'est qu'il est vague, & que pour prouver quelque chose en votre faveur, il falloit que vous en fissiez l'application à un emprunt de la Compagnie; à un emprunt, ou à des emprunts successifs, montant à 40 & 50 millions; à des emprunts faits dans l'état actuel des choses & en 1769. Or, il est évident, que si vous particularisez ainsi votre assertion, elle perd toute vraisemblance, & n'est plus soutenable, quand on la supposeroit vraie généralement, & dans quelques autres circonstances; puisqu'assurément des emprunts de 50 millions pour la Compagnie, ne seconderoient pas les emprunts du Roi dans les circonstances actuelles.

L'autre vice de ce raisonnement est que vous y supposez que les fonds applicables à des emprunts sont illimités. Les divers emplois de l'argent occupent dans une Nation la plus grande partie des capitaux en argent qui sont disponibles. Il

Q ij

en reste une certaine quantité à placer dans les fonds publics. Cette quantité est bornée. Lorsque des emprunts de la Compagnie en attireront une portion considérable, les emprunts publics s'en rempliront d'autant plus difficilement : cela est évident.

J'ai voulu pour un moment raisonner avec vous en financier ; mais si je veux voir la chose par d'autres côtés, je m'affligerai, Monsieur, de vous voir chercher les moiens de *ramener l'argent vers les objets de finance*, & de le porter *vers ce genre d'emplois*, effet que doivent produire, selon vous, les emprunts de la Compagnie. Je crois qu'on ne peut pas voir sans chagrin, s'étendre & s'augmenter tous les jours cette maniere de placer des capitaux, & sur-tout les emprunts viagers, aussi contraires aux principes d'une bonne morale que d'une saine politique.

Enfin, Monsieur, votre dernier raisonnement, pour prouver que la Compagnie peut continuer le commerce, est fondé sur l'exemple de ce qu'elle a fait en 1764, où, sans argent, sans marchandises, elle entreprit de le relever, elle osa, & elle réussit.

La peinture que vous faites de ses succès, depuis cette époque jusqu'au moment présent, est très-brillante, & a dû faire un grand effet à l'assemblée des Actionnaires ; mais son éclat est un peu terni par quelques réflexions sur la situation actuelle de la Compagnie. Elle aura fait depuis 1764 les plus belles choses du monde, mais aujourd'hui elle a besoin de cinquante millions pour continuer, & elle ne peut pas les trouver. Tout ce qu'elle a fait en 1764 ne peut pas la tirer de là. *La flamme généreuse avec laquelle la Nation Françoise se porte vers tout ce qui est grand & difficile*, ne fait pas trouver de l'argent sans crédit & des fonds sans hypothéque, ou bien il faudroit mettre *la flamme généreuse* dans les ames des *Prêteurs* qui pourroient surmonter *la difficulté* qu'il y a de prêter à des gens qui se ruinent.

Parlons plus sérieusement ; je l'ai déja dit plus haut, les circonstances de 1764 & celles-ci ne sont pas les mêmes. Outre les différences dont j'ai fait mention, en voici de nouvelles & de bien importantes. En 1764, la Compagnie avoit encore une partie de son contrat sur le Roi à hypothéquer ; les Actionnaires eux-mêmes n'ont voulu confentir à un nouvel appel que fur cette hypothéque, & le contrat n'en préfente plus aucune. La Compagnie doit donc trouver plus de difficulté à continuer fon commerce aujourd'hui qu'elle n'en a eu en 1764.

En 1764, le Roi a pu céder & a cédé en effet à la Compagnie onze mille & tant d'actions, & pareil nombre de billets d'emprunts. Aujourd'hui la Compagnie n'a aucun fecours femblable à attendre du Gouvernement. Il eft donc très-poffible qu'après avoir trouvé des moiens pour continuer fon commerce en 1764, elle n'en ait plus en 1769.

Mais, dites-vous, *qui l'eut cru que ce feroit après avoir furmonté toutes ces difficultés que la Compagnie fe trouveroit dans le plus grand danger ?* Et n'eft-il pas étrange qu'on ne laiffe pas continuer à la Compagnie, en rétabliffant l'adminiftration de 1764, un commerce qui a été lucratif pour elle depuis cette époque jufqu'à 1768, quelques pertes qu'elle eut effuyées auparavant ? L'objection eft bien naturelle, mais la réponfe eft fimple & facile.

1.º On n'empêche pas la Compagnie de continuer fon commerce, elle eft dans l'impoffibilité de le continuer par elle même. Le Roi ne peut pas lui accorder les fecours dont elle auroit befoin. L'interruption du commerce eft de fon fait.

2.º Quand le commerce devroit avoir les plus heureux fuccès, l'impoffibilité où elle eft de le fuivre eft une raifon à laquelle il n'y a point de réplique, & un mal auquel il n'y a point de remede.

3.º C'eft précifément parce que le commerce de la Compagnie a quelque fuccès depuis la paix, qu'il faut profiter de ce moment pour fufpendre ou révoquer même le Privilége exclufif ; car il ne faut pas attendre une guerre & de nouvelles pertes qui mettroient les Actionnaires dans une fituation plus facheufe que celle où ils font aujourd'hui. A ce moment-ci ils ne peuvent pas continuer le commerce, mais leurs fonds font fuffifans pour fatisfaire à tous leurs engagemens, pour conferver le dividende, & pour l'accroître encore par l'extinction des rentes viageres. Qu'on continue ( quand on le pourroit ) l'exploitation du Privilége ; il fe confumera encore une partie confidérable des fonds, & les Actionnaires flattés d'efperan-

ces vaines, essuyeront alors des pertes plus grandes, ou plutôt
ils perdront réellement, au lieu qu'aujourd'hui leur propriété
& leur fortune font parfaitement assurées. C'est donc à ce moment même que la Compagnie devoit se trouver dans le plus
grand danger.

. La question de la possibilité du commerce libre dans l'Inde
& de ses avantages est la derniere de celle que vous examinez,
ou plutôt que vous effleurez ; car on trouve dans cette partie
de votre Mémoire la même incertitude & le même vague que
dans les autres. En aucun endroit vous ne prononcez nettement que le commerce particulier est impossible ; vous fem-
blez même convenir de sa possibilité ; vous n'annoncez pas non
plus de preuves positives que le commerce libre n'apportera
pas à l'Etat les même avantages & de plus grands, que celui
de la Compagnie. Vous attaquez seulement quelques-uns de
mes raisonnemens sur ce sujet. Je dois pourtant vous suivre
dans cette derniere partie de votre réponse.

Vous commencez par avouer *que la liberté du commerce n'intéresse point la fortune des Actionnaires.* Cet aveu, Monsieur étoit
bien important, & vous auriez dû le faire plutôt, & vous y
arrêter davantage.

. L'effet naturel de votre Mémoire étoit de répandre
une grande inquiétude dans l'esprit des Actionnaires sur
leur sort à venir. Un grand nombre d'entre eux a vu dans
la suspension du Privilége exclusif la ruine de leur fortune,
ou au moins une grande incertitude. Votre réponse présente
par tout ces mêmes sujets d'allarmes. De-là le déchaînement
contre l'écrivain qui attaquoit le Privilége exclusif: Et c'est
après avoir élevé toute cette agitation que vous dites un mot,
qui seul doit la calmer entiérement, qui, prononcé plus haut &
plus fortement, l'auroit empêché de naître. *La liberté du commerce n'intéresse point la fortune des Actionnaires.* Je prends acte
de cet aveu auprès des Actionnaires qui croiroient encore
que j'ai travaillé à leur nuire, en attaquant le Privilége : car
d'après votre décision ils doivent cesser de me regarder comme
un ennemi. Mais c'étoit à vous même, Monsieur, à m'excuser
auprès d'eux par cette raison.

Vous ne comprenez pas, dites-vous, comment j'ai pu prêter aux Actionnaires l'idée ridicule de continuer le commerce par patriotisme & contre leur propre intérêt. Vous dites que vous n'avez rien entendu de pareil aux Assemblées des Actionnaires. Il se peut qu'on ait craint de vous dire une chose ridicule, mais elle n'en a pas moins été dite. Je n'ai pas avancé qu'aucune Assemblée des Actionnaires ait adopté cette idée ; mais *qu'on entendoit des Actionnaires dire; &c.* Or je puis vous assurer avec vérité que *j'ai entendu des Actionnaires dire* ce que j'ai rapporté, & que je ne suis pas le seul, & j'ajoute qu'il ne me seroit pas difficile de faire voir que vous même dans vos observations sur mon Mémoire, vous avez énoncé l'équivalent de cette même idée que vous désavouez ici.

Que signifie, en effet, Monsieur, tout ce que vous dites des *sacrifices qu'ont faits selon vous les Actionnaires à l'Etat*, pag. 13 *du soulagement que la Compagnie a apporté au Trésor du Prince en le ruinant*, pag. 11 des prétentions que vous leur donnez à *la reconnoissance publique*, pag. 8. &c.

Si nous devons vous en croire, les Actionnaires ont donc eu ces idées de patriotisme, que vous dites que je leur prête si gratuitement. Car qu'y a-t-il de plus patriotique que de se ruiner pour l'Etat. Pourquoi donc en leur faisant vous-même honneur de ces belles dispositions, vous récriez-vous lorsque je les leur attribue aussi, & que je blâme ce patriotisme déplacé.

Je passe à vos observations sur la possibilité du commerce particulier.

Vous dites, Monsieur, qu'en assurant que j'ai sous les yeux les argumens les plus forts qu'on puisse faire en faveur du Privilége exclusif, *je ne réponds souvent qu'à des observations futiles.* Monsieur, si les argumens auxquels j'ai répondu sont foibles, ce n'est pas ma faute, c'est celle de la cause opposée à la mienne. Cependant, je les ai regardés comme les plus forts qu'on pût opposer à la liberté, parce que les Mémoires que j'ai eu entre les mains m'ont paru aussi bons que pouvoit le permettre la foiblesse de la cause qu'on y défend. Ils sont l'un d'une personne employée dans l'Inde dans l'administration, homme estimé pour ses lu-

mieres & fa probité, & qu'une expérience de plufieurs années à mis en état de recueillir ce qu'on pouvoit dire de plus
favorable à la liberté; l'autre d'un homme de beaucoup d'efprit & de mérite, que j'honore & que j'eftime perfonnelle-
ment, & qui a lui-même eu toutes les connoiffances néceffaires pour traiter cette queftion.

D'après ces circonftances, d'après la maniere dont les deux
Mémoires font faits & écrits, & d'après la lecture de ce qu'on
trouve d'imprimé fur cette même matiere dans plufieurs ouvrages économiques, je me fuis cru en droit de regarder les
objections que j'ai recueillies comme les plus fortes qu'on
peut faire en faveur du Privilége exclufif, & cependant je
les ai cru foibles & mal-fondées.

Je ne crois pas qu'il foit néceffaire de répondre à ceux qui
prétendroient argumenter contre moi des éloges que je donne aux Auteurs des Mémoires que j'ai réfutés, & de ce que
je dis de leurs lumieres, de leur expérience, de leur probité.

Outre qu'une pareille queftion ne peut pas fe décider
par l'autorité, tout homme qui a quelque connoiffance
de l'efprit humain, fait affez qu'avec beaucoup de lumieres, de talens & de probité on fe trompe tous les jours;
c'eft ce qui eft arrivé felon moi aux Auteurs des Mémoires
auxquels je réponds. Il faut examiner mes raifons, que la juftice que je leur rends ne fauroit affoiblir.

J'ai d'autant plus de droit de regarder ces objections comme
les plus fortes que j'euffe à réfoudre, qu'un long Mémoire qui
m'eft tombé entre les mains, fait auffi par un homme d'efprit, ne m'a paru renfermer que les mêmes raifons auxquelles j'ai répondu; & que fauf deux obfervations fi peu importantes que je ne crois pas devoir en faire mention, il n'eft
que le développement des deux Ouvrages que j'ai cités. Ce
jugement, au refte, n'eft pas feulement le mien, mais celui de
plufieurs perfonnes qui ont lu & comparé enfemble le Mémoire en queftion, les deux Mémoires que j'ai eus & le mien.

Enfin, pour être en droit de prétendre que je n'avois répondu qu'à des obfervations futiles, vous étiez dans l'obligation d'en préfenter vous-même de nouvelles & de plus folides; c'eft cependant ce que vous ne faites point. En effet la
feule

feule réflexion que vous oppofiez à ce que j'ai dit de, la poffibilité du commerce particulier eft, *qu'il pourroit arriver des*
*circonflances & des événemens, dont je conviens moi-même que l'effet*
*eft encore éloigné.* En vérité, Monfieur, en vous réduifant à une
preuve pareille de l'impoffibilité du commerce particulier dans
l'Inde, vous n'êtes gueres en droit d'appeller obfervations futiles
celles des Auteurs auxquels j'ai répondu : & vous ne devez pas
dire, que ces Meffieurs m'ont très-bien fervi, lorfque vous
me fervez vous-même fi bien.

Vous me donnez fur-tout un grand avantage, par deux aveux
que vous faites, & que je prie mes Lecteurs de mettre en
oppofition avec la thefe que vous aviez à foutenir. Vous
dites que les Auteurs des Mémoires que j'ai réfutés ont *pré-*
*tendu trop légérement, que le commerce particulier n'étoit pas*
*poffible ; qu'ils ont fuppofé que le commerce de l'Inde feroit fuivi*
*par les Particuliers de la même maniere que l'exerce aujourd'hui*
*la Compagnie, ce qui n'eft pas jufte ; au lieu qu'il n'eft point impof-*
*fible que des maifons de commerce fe forment aux Indes & à l'Ifle*
*de France, & rendent les opérations plus faciles.* p. 43.

En vérité, Monfieur, on eft obligé d'y regarder à deux fois,
pour fe perfuader que c'eft vous qui parlez ; car ce que vous
dites là, eft précifément ce que j'ai dit en plufieurs endroits
de mon Mémoire, & puifque vous l'adoptez, on n'imagine
pas, comment vous pouvez concilier ces aveux & ces affertions avec les intérêts de la caufe que vous défendez, & fur-
tout avec les doutes que vous montrez encore fur la poffi-
lité du commerce particulier de l'Inde. On ne conçoit pas
comment vous ne convenez pas de bonne grace, que le commerce particulier eft poffible, ou au moins que rien n'en prouve
l'impoffibilité ; c'étoit un facrifice que vous deviez à votre opinion & à la vérité.

Je finirai ce que j'avois à dire de la poffibilité du commerce
particulier dans l'Inde par une réflexion qui me paroit déci-
five, en même tems qu'elle eft bien naturelle.

J'ai prouvé que l'Etat a dépenfé, pour foutenir le commerce
de l'Inde par le moien de la Compagnie en 40 ans, 376 millions, fans compter les frais de la guerre ; on retranchera de
cette fomme ce qu'on voudra ; on ne niera pas qu'il en a coûté

R

au Roi annuellement 6 ou 7 millions. Suppofons qu'on dépenfe 3, &, fi l'on veut, 4 millions à foutenir les établiffemens de l'Inde, y compris les Ifles de France & de Bourbon; fuppofons que, malgré ces frais, la difficulté d'établir le commerce particulier, fut plus grande encore qu'on ne l'a imaginée, & que le Roi voulut qu'elle fut furmontée: n'eft-il pas clair que le Roi pourra encore accorder aux Négocians particuliers des primes, des encouragemens, des gratifications, en un' mot, des fecours, affez confidérables pour les mettre en état de furmonter tous les obftacles, fans qu'il lui en coûtat autant que le commerce de la Compagnie lui a coûté annuellement. (Et quand le commerce particulier devroit coûter à l'État autant que coûtoit la Compagnie, il y auroit encore beaucoup d'autres avantages de la liberté). Le commerce particulier eft donc poffible. Je n'imagine pas ce qu'on peut répliquer à ce raifonnement.

*Mais*, dites-vous, *il ne fuffifoit pas de prouver que le commerce de la Compagnie pourra être exercé par des particuliers, il faut encore démontrer qu'ils le feront d'une maniere plus utile. Or c'eft fur ce point que je trouve qu'il y a un vice continuel dans vos raifonnemens. Quand on vous oppofe la hauffe aux prix d'achat que la concurence doit produire, vous répondez que les particuliers qui feront affranchis des dépenfes de fouveraineté, pourront payer les marchandifes de l'Inde 30 & 40 pour cent de plus, & faire également le commerce. Or cet aveu eft un argument contre l'utilité du commerce particulier pour l'Etat, parce que l'Etat perdra tout ce que les particuliers payeront au delà des prix établis jufqu'à préfent.*

Je dirai d'abord, Monfieur, qu'il fuffiroit parfaitement aux défenfeurs de la liberté de prouver que le commerce de la Compagnie peut être exercé par des particuliers d'une maniere *auffi* utile pour l'Etat; & qu'ils ne font point obligés de montrer qu'il feroit *plus* utile; puifque toutes chofes égales, il vaut affurément mieux laiffer le commerce libre que de le gêner, favorifer également tous les Négocians qu'un petit nombre, & laiffer jouir tous les Citoyens d'un droit originairement commun à tous, que de le reftraindre à quelques particuliers.

En fecond lieu il fuffit de prouver que le commerce de l'Inde *peut* être exercé par des particuliers, pour être en droit

d'en conclure qu'il fera exercé au moins aussi utilement pour
l'Etat que celui de la Compagnie. Car si le commerce se soutient entre les mains des particuliers, les Négocians y gagne-
ront donc, puisqu'ils ne soutiendroient pas le commerce s'ils
y perdoient. Or cela posé, ils l'exerceront au moins aussi utilement pour l'Etat que l'a fait jusqu'à présent la Compagnie,
puisqu'il est impossible qu'un commerce, qui enrichit ceux qui
le font, soit moins utile à l'Etat que celui qui les ruine, & qu'il
est constant par les faits, que la Compagnie a toujours perdu,
( à quelque cause qu'on doive attribuer ses pertes ).

En troisieme lieu voyons si mon raisonnement a le défaut
que vous lui trouvez.

J'observe d'abord que, quoique j'aie dit que le commerce
particulier pourroit se soutenir en payant les marchandises de
l'Inde 40 pour cent de plus que Compagnie, je ne suis convenu en aucun endroit, & j'ai nié expressément que le commerce libre put faire renchérir les marchandises de l'Inde de
40 pour cent; c'est ce que j'établis, p. 183, 184, 185 par des
raisonnemens que vous combattez vous-même plus bas. Or, il
est bien évident que si le commerce particulier ne payoit les
marchandises que 10 pour cent de plus que la Compagnie, vous
seriez obligé de réduire de beaucoup les pertes que vous regar-
deriez comme l'effet de la liberté. Votre argument deviendroit
alors bien foible, & il ne seroit pas difficile de défendre le
commerce libre, si vous n'aviez rien autre chose à lui reprocher, que de coûter à l'Etat en achats dans l'Inde 10 pour cent
de plus qu'à la Compagnie. Je ne vois donc pas comment vous
m'opposez un argument qui n'a de force que dans une supposition que je n'admets point.

Mais je veux bien supposer avec vous que les marchandises
de l'Inde renchériront de 40 pour cent, quoique sur le seul
énoncé, cette proposition paroisse insoutenable : je supposerai
aussi que ces 40 pour cent seront un objet de deux millions.
Pour que l'excédent de prix des marchandises de l'Inde payé
par les Négocians particuliers, au-delà de celui qu'en paye la
Compagnie, forme une perte pour l'Etat, il faut que le système
de la liberté n'épargne pas d'ailleurs au Gouvernement, en dépenses que vous appellez de souveraineté, une somme assez

R ij

forte pour dédommager l'Etat de cet excédent de prix. Il faut que les dépenses de la Compagnie étant, par exemple, de 4 millions pour cet objet, la liberté du commerce étant établie, l'Etat dépense ces mêmes quatre millions ; & que les Commerçans particuliers en payent 2 en augmentation de prix aux Indiens dont ils acheteroient les marchandises.

Ce n'est que dans cette double supposition que le Roi employant 4 millions en dépenses de souveraineté, & le commerce particulier 2 millions en surcroît de prix des marchandises, il y auroit pour l'Etat 2 millions de perte, précisément à raison de ce que le commerce particulier auroit été substitué à celui de la Compagnie. De-là suivent quelques conséquences que je vous prie de remarquer.

1º Si le commerce de la Compagnie coûtoit annuellement 6 millions, au lieu de 4, soit à l'Etat, soit à la Compagnie, en frais de toute espèce : alors, le commerce particulier payant toujours 2 millions de surcroît de prix, & n'exigeant, de la part du Gouvernement, que 4 millions de dépenses, il n'y auroit point de perte pour l'Etat au sens où vous l'entendez. Et si les dépenses faites par l'Etat pour la Compagnie étoient non pas de 6 millions, mais de 8, de 10, il y auroit alors une épargne produite pour l'Etat, de tout cet excédent de dépenses, c'est-à-dire, de 2 & de 4 millions.

2º Si, outre la dépense annuelle du trésor public pour la Compagnie, elle-même dépensoit de son côté plusieurs millions en frais de souveraineté, le commerce particulier feroit gagner alors au Royaume 6 & 8 millions, au lieu de 2 & 4.

3º Si outre ces dépenses de l'Etat & les dépenses de souveraineté payées par la Compagnie, il y avoit encore eu des sommes immenses consumées par elle, qui eussent absorbé ses produits, ses profits, la plus grande partie de ses capitaux & les revenus de ses Actionnaires & qui la réduisissent, après 44 ans de commerce, à un état de discrédit & d'impuissance de le continuer, il faudroit regarder l'épargne de toutes ces sommes qui auroit lieu, le commerce particulier se soutenant, (supposition dans laquelle vous raisonnez vous-même) il faudroit, dis-je, regarder l'épargne de toutes ces sommes comme un profit pour l'Etat & comme l'effet de la liberté du commerce, &

les ajoûter à tous les avantages que cette liberté procureroit.

Je ne crois pas qu'aucune de ces propositions conditionelles puisse être niées par vous. Il ne s'agit plus que de prouver que les suppositions qu'elles renferment sont autant de faits.

Or 1°, les dépenses de souveraineté ne seront certainement pas plus grandes pour l'Etat qu'elles ne l'ont été pour la Compagnie; au moins ne tiendra-t-il qu'au Gouvernement que cela soit ainsi. J'ai d'autant plus de confiance à cette économie, qu'il me semble que les autres besoins de l'Etat l'ameneront nécessairement. Si vous n'avez pas les mêmes espérances que moi, vous retrancherez deux millions de mon dernier résultat, & je pourrai vous faire ce sacrifice sans nuire à la cause que je défends. Mais il y a plus: ce que vous appelez les frais de souveraineté, a certainement coûté, sans le Privilége exclusif, plus qu'il ne coûtera dans le système de la liberté. C'est être bien modéré que de porter la différence de dépense à 4 & 6 millions, puisque nous avons vû que le Gouvernement avoit dépensé, année commune, depuis 1725 près de 10 millions pour la Compagnie: le commerce particulier pourra donc sur-payer les marchandises de l'Inde 2 millions, & l'Etat gagner beaucoup au rétablissement de la liberté.

2° J'ai prouvé, & ce qui est plus encore, vous établissez vous-même avec tous les défenseurs de la Compagnie, qu'indépendamment des frais faits par le Roi, la Compagnie en a fait d'immenses, & nommément ces mêmes dépenses de souveraineté que nous évaluons ici à 4 millions; & puisque la dépense faite par la Compagnie est aussi, selon votre manière de voir les choses, une dépense en pure perte pour l'Etat, comme celle qu'il feroit lui-même, voilà encore 4 millions à gagner à ce que le commerce libre soit substitué à celui de la Compagnie.

3° Il est indubitable que ces 4 millions dépensés annuellement par la Compagnie, ne suffisent pas, à beaucoup près, pour expliquer la dégradation de son capital, la consommation de ses bénéfices, la diminution du dividende, &c. La Compagnie a donc absorbé, indépendamment des dépenses de l'Etat pour elle, bien au-delà de cette somme. On estimera cette perte à ce qu'on voudra, mais il faut toujours l'ajouter à celle que nous venons de calculer ; & la regarder comme particuliere au commerce de la Compagnie, & ne devant pas avoir lieu dans le commerce libre, qui par la supposition même, ne perdra pas de son capital, puisqu'il se soutiendra, & qu'il cesseroit de se soutenir si son capital se dégradoit. Je conclus que le commerce particulier étant supposé payer 2 millions en surcroît de prix des marchandises des Indes, l'État gagneroit encore beaucoup à substituer la liberté au Privilége, à raison de l'épargne qu'il feroit de toutes les dépenses dont je viens de faire mention.

Je sais bien que vous pourrez me dire que le surcroît du prix d'achat de la part des particuliers sera perdu pour l'Etat, à raison de ce qu'il sera dépensé dans l'Inde, & qu'une partie des dépenses faites par le Gouvernement ou par la Compagnie, sera faite dans l'Etat, à quoi vous ne voyez point de perte, *parce que le Cultivateur, le Manufacturier & le Négociant auront partagés entre eux ces dépenses de l'Etat & de la Compagnie.*

Mais je vous demande, Monsieur, s'il n'y a pas une très-grande partie du surcroît de dépenses qu'a entraîné le commerce de la Compagnie pour elle-même ou pour l'Etat, qui a été faite hors de l'État. Est-ce que les frais des armemens en guerre n'ont pas été faits en grande partie dans le Nord pour l'achat des munitions navales? Est-ce que les frais d'avituaillement, de rafraichissemens, de relâche de vaisseaux n'ont pas été faits hors du Royaume, dans l'Inde & ailleurs? Est-ce que l'entretien des troupes & tous les frais de la guerre ne se font pas faits dans l'Inde, soit de la part du Roi, soit de la part de la Compagnie? Est-ce que tous les frais d'établissement & d'entretien des comptoirs ne sont pas dans le même cas, &c? Regardez donc si vous voulez ( par une maniere de voir bien étrange ) tout ce que l'Etat & la Compagnie ont dépensé au-dedans du Royaume, en sus de ce que le commerce libre coûteroit, comme non perdu pour l'Etat, tandis que les 30 ou 40 pour cent de surcroît d'achat par le commerce particulier, seront entiérement perdus, parce qu'ils sont dépensés dans l'Inde, il me restera amplement de quoi balancer cette perte dans les seuls frais que vous conviendrez vous-même avoir été faits par l'Etat, ou la Compagnie hors de l'Etat, & la foiblesse de votre objection sera encore évidente à tous les yeux.

Voilà, Monsieur, de quoi nous raffurer contre la crainte que
vous voulez nous infpirer, que les 40 pour cent que pourra
payer le commerce particulier en augmentation de prix, ne le
rendent moins utile à l'Etat que celui de la Compagnie, & je
crois avoir juftifié le raifonnement que je fais à ce fujet, du
vice radical que vous lui trouvez : & comme vous convenez
que fi mon raifonnement n'avoit pas ce vice radical, il réfou-
droit en effet la plûpart des objections qu'on fait contre le
commerce particulier, je regarderai déformais ces objections
comme refolues.

Je continue donc de fuivre votre Mémoire, & je trouve
que vous faites un mérite à la Compagnie d'avoir fixé les
prix d'achat dans l'Inde, & vous donnez à cette occafion
des idées fi peu juftes de la marche du commerce, que je me
crois obligé de les combattre.

Selon vous *la Compagnie qui a fenti de tout tems la néceffité
de trouver dans les bénéfices du commerce un dédommagement des
dépenfes, s'eft appliquée à fixer les prix d'achat dans l'Inde, au
point précifément qui pouvoit fuffire pour procurer au Fabriquant
le néceffaire le plus étroit.... en quoi elle a rempli l'objet le plus
intéreffant pour l'Etat, puifque acheter à bon marché les marchandifes des Etrangers, & leur vendre cherement les nôtres, voilà le
profit national.*

Je dis, Monfieur, que ce font-là des éloges que la Compagnie n'a pas pu mériter, & des idées peu juftes de la marche du commerce. L'Acheteur ne fixe point les prix ; cette
fixation ne peut être que l'effet de caufes qu'il n'eft pas en
fa puiffance de diriger & de modérer. La concurrence des
Vendeurs entr'eux en eft une, & fi cette concurrence étoit
petite dans l'Inde, la Compagnie auroit eu beau *fentir la néceffité de faire de grands bénéfices*, elle n'auroit pas pû réduire
les prix des marchandifes de l'Inde. Il n'y a point de Négociant qui ne fente la néceffité de faire de grands bénéfices,
& qui faifant des dépenfes grandes ou petites, ne s'applique
conftamment à vendre le plus cher qu'il peut & à acheter au
meilleur marché poffible. Mais ce n'eft pas fon application
qui peut amener pour lui cet effet.

Vous indiquez vous-même des caufes du bas prix des marchandifes de l'Inde , bien diftinguées des foins de la Compagnie, en difant que *le néceffaire des Indiens fe réduit à très-peu de chofe dans un pays où le peuple ne vit que de riz , & où la chaleur du climat ne permet de faire aucune dépenfe en vêtement.* Voilà , Monfieur , les vraies caufes du bon marché de la main-d'œuvre, la nature du fol qui produit en abondance le riz , & la chaleur du climat qui fait que ces Peuples, comme tous ceux des pays chauds, fe contentent d'une nourriture frugale & fe paffent de vêtemens. Par-tout où ces circonftances fe trouveront, réunies d'ailleurs à certaines formes de Gouvernement & à certains vices de légiflation, la main-d'œuvre fera à très-bas prix , qu'il y ait ou qu'il n'y ait pas de Compagnie. Si donc les ouvriers de l'Inde ne gagnent que 3 fols de France , nous ne pouvons pas en favoir gré à la politique de la Compagnie qui auroit *fenti de tous tems la néceffité de trouver dans les bénéfices du commerce un dédommagement des dépenfes, &c. & qui fe feroit appliquée conftamment , &c.* c'eft à la nature de circonftances & de caufes fur lefquelles la Compagnie ne peut rien.

Ces réflexions feroient vraies, quand la Compagnie feroit le feul acheteur qu'il y eut dans l'Inde ; car , même un feul acheteur ne fixeroit pas les prix de la maniere que vous le dites, & ne pourroit faire travailler les ouvriers pour 3 fols par jour, que dans un pays de riz & dans un pays chaud , &c: mais vous fuppofez fauffement que la Compagnie eft le feul acheteur , même dans fes propres établiffemens. Eft-ce que tout le Continent de l'Inde , auffi grand que plufieurs Etats de l'Europe réunis, n'eft pas rempli d'acheteurs qui tirent des toiles du Bengale & de la Côte de Coromandel ? eft-ce que ces Peuples innombrables qui font vêtus de toile , ne les achetent pas en concurrence avec la Compagnie ? eft-ce que les Arméniens, les Banians qui font le commerce dans toute l'étendue de la prefqu'Ifle ; eft-ce que les Indiens & les Européens qui font le commerce d'Inde en Inde ; eft-ce que les Compagnies Angloife, Hollandoife , &c. ne font pas des concurrens de la Compagnie ? Eft-ce que les ouvriers qui travaillent pour ce nombre d'acheteurs très-différens de la Compagnie, vivent & font habillés autrement que ceux qui travaillent

vaillent pour la Compagnie, & les premiers gagnent-ils
4 fols pendant que ceux-ci n'en gagnent que 3 ? Eſt-ce enfin
que ſi le commerce particulier s'établit, les Indiens en vi-
vront moins de riz & de poiſſon ſec, & s'en habilleront
plus chaudement ?

Ces obſervations répondent d'avance, & j'oſe dire com-
pletement, à ce que vous dites, pag. 47 ; à l'occaſion de ce
que j'avois avancé ſur le principe de valeur vénale ; car en
convenant que la différence du nombre des acheteurs, lorſqu'ils ſont *en nombre*, n'influe que foiblement ſur l'augmentation des prix, vous vous réduiſez en cet endroit à dire que
la Compagnie eſt un acheteur unique, aſſertion dont je viens
de démontrer la fauſſeté.

Mais une autre réflexion vous enleveroit tout l'avantage
que vous prétendez retirer de cette fixation prétendue des
prix des marchandiſes de l'Inde par la Compagnie, quand
elle ſeroit auſſi réelle que vous l'aſſurez ; c'eſt que pour la
faire valoir en faveur de la Compagnie, vous êtes obligé de
ſuppoſer que le prix des marchandiſes de l'Inde n'eſt que
celui que la Compagnie en paye aux Manufacturiers Indiens ;
or cette ſuppoſition eſt auſſi fauſſe qu'elle eſt néceſſaire à votre cauſe. Le prix coûtant des marchandiſes de l'Inde dans
l'Inde n'eſt pas ſeulement ce qu'on en paye aux Fabriquans
qui les fourniſſent. Il y faut ajouter au moins tout ce que la
Compagnie dépenſe dans l'Inde pour exécuter ces mêmes
achats. Ainſi entretien de Comptoirs & de Magaſins, dépenſes en
Gouverneurs, Conſeillers, Employés, Courtiers, Domeſtiques,
Cipayes, &c. tout cela entre dans la formation du prix de
chaque aune de toile & de mouſſeline. Quand vous auriez
donc très-bien prouvé que c'eſt à la Compagnie qu'on eſt
redevable du bas prix de la main-d'œuvre payée au Manufacturier Indien, vous n'auriez point encore fait voir que la
Compagnie *a rempli cet objet intéreſſant pour l'Etat, d'acheter
à bon marché les marchandiſes des Etrangers, de vendre chèrement
les nôtres, & de faire un profit national.*

Vous oubliez auſſi, Monſieur, que le Privilège de la Compagnie, qui ne peut pas faire qu'elle ſoit acheteur unique dans
l'Inde, la met en état d'être vendeur unique en France, &

S

que les Citoyens acheteurs en souffrent. Pourriez-vous nous garantir, Monfieur, que le Privilége excluſif n'augmente pas au moins autant pour nous le prix des marchandiſes de l'Inde à leur vente en Europe, qu'il le diminue à leur achat dans l'Inde. Et s'il l'augmentoit en plus grande raiſon, quel avantage, je vous prie, tireroit la *Nation*, la maſſe des acheteurs, qu'il faut après tout diſtinguer de la Compagnie elle-même, du bas prix des marchandiſes de l'Inde? Pourriez-vous nous expliquer clairement en quoi conſiſteroit alors le profit *national*?

*Mais, dites-vous, que les bénéfices de la Compagnie ayent diminué par les dépenſes de Souveraineté & par des défauts d'économie, ce n'eſt pas à l'État à lui en faire des reproches: les dépenſes de Souveraineté qu'elle a ſupportées, prouveront qu'elle a ſoulagé le tréſor du Prince, & ſes défauts d'économie indiqueront que le Cultivateur, le Manufacturier & le Négociant ont été les véritables Aſſociés à ſes profits & non ſes Actionnaires.*

D'abord il ne s'agit pas ici de reproches, il s'agit de connoître & d'apprécier le bien ou le mal que la Compagnie a fait à la Nation. Si cet établiſſement a été nuiſible, le mal eſt fait; il faut en convenir, le faire ceſſer & le réparer; & pour tout cela, les reproches ne ſervent à rien.

Je ne ſais pas ſi l'État a le droit de faire des reproches à la Compagnie. On pourroit avoir fait des deux côtés de mauvaiſes opérations qui interdiroient les plaintes reſpectives, ſans que cet équilibre de fautes juſtifiât perſonne de part ni d'autre. Mais il ne ſuffit pas à la Compagnie que l'État ne puiſſe pas lui faire de reproches, il faut que les Citoyens n'aient pas à ſe plaindre, ni d'elle, ni du Gouvernement qui l'a protégée à leurs dépens. Voilà les véritables reproches auxquels il faut que la Compagnie réponde, & auxquels malheureuſement elle n'a point de bonne réponſe à faire.

J'ai fait voir plus haut combien eſt fauſſe & mal fondée la prétention, que la Compagnie a ſoulagé le tréſor du Prince; mais je n'imaginois pas qu'on pût la juſtifier de ſon défaut d'économie, en diſant, que le Cultivateur, le Manufacturier & le Négociant ont été les véritables Aſſociés à ſes profits, & non pas les Actionnaires.

J'avoue que je vois avec quelque étonnement, l'Avocat des Actionnaires défendre la Compagnie, contre les reproches qu'on lui fait fur fon défaut d'économie, en difant que les profits du commerce enlevés aux Actionnaires, ont été diftribués au Cultivateur, au Manufacturier, au Négociant. C'eft aux Actionnaires à vous en remercier, & leur reconnoiffance fera auffi bien fondée que le déchaînement de quelques-uns d'entr'eux contre l'Ecrivain qui s'eft plaint pour eux-mêmes, de ce que la Compagnie les avoit ruinés.

Mais cette affociation prétendue du Cultivateur, du Négociant, aux profits de la Compagnie, ne peut pas la défendre, mieux aux yeux d'un homme d'Etat Citoyen, qu'aux yeux des Actionnaires. Quoi, lorfque la Compagnie aura dilapidé au dedans & au dehors du Royaume des capitaux immenfes, les bénéfices de fon commerce, & fur-tout des graces du Gouvernement prifes fur le revenu public, il lui fuffira de dire, que le Cultivateur, le Manufacturier, & le Négociant ont été affociés à fes profits. Ce raifonnement eft tout auffi folide, ou plutôt c'eft le même que celui de ceux qui prétendent que les dépenfes exceffives d'un Gouvernement, & la levée des impôts néceffaires pour y fournir, ne font point un mal, *parce que ces dépenfes répandent l'argent, font vivre une infinité de perfonnes, &c.*

Ne voit-on pas que cette maniere de diftribuer le revenu public, eft toujours injufte pour la plus grande partie de ceux qui ont contribué à la former par les impôts qu'ils ont payés? Si le Cultivateur & le Manufacturier de Bretagne ou de quelqu'autre province, le Manufacturier ou le Négociant de Nantes & de l'Orient deviennent affociés au profit de la Compagnie, en quoi & comment l'agriculteur de Bourgogne ou d'Auvergne, le Manufacturier de Lyon ou de Tours, le Négociant de Marfeille ou de Bordeaux, qui ont tous payés une portion des impôts employés en dépenfes du Gouvernement pour le commerce exclufif de l'Inde, font-ils dédommagés par le défaut d'économie de la Compagnie? L'Etat, dit-on, n'y perd pas, parce que les richeffes fe confervent toujours dans le Royaume, en paffant d'une main dans une autre; mais l'Etat perd toujours à faire une injuftice, & c'en eft une que d'arracher à un certain nombre de Citoyens, des valeurs pour les transporter dans les mains d'autres Citoyens, qui n'ont nul droit à en jouir.

On voit d'ailleurs que cette Apologie suppose que le défaut d'économie de la Compagnie n'associe aux profits de son commerce, à la place des Actionnaires, que le Cultivateur, le Manufacturier & le Négociant François : & si se sont les Cultivateurs, les Manufacturiers & les Négocians Etrangers de toutes les Nations, si ce sont les Indiens, quel avantage cette association produira-t-elle à l'Etat?

Au reste, Monsieur, pour être en droit de prononcer que les avantages du commerce libre pour l'Etat sont moins grands que ceux du commerce exclusif, vous auriez dû discuter la question générale des avantages du commerce de l'Inde. Vous n'entrez point dans cette discussion, & tout ce que vous dites à ce sujet demeure incertain, incomplet & souvent contraire à des vérités reconnues. Je ne puis pas traiter cette matiere qui demanderoit à elle seule un ouvrage considérable, mais il me semble qu'on s'appercevra facilement que vous êtes bien loin d'avoir prouvé que le commerce particulier ne seroit pas aussi utile que celui de la Compagnie, & cela me suffit.

Vous me dites que mon Ouvrage est une attaque continuelle livrée à l'expérience par la théorie, & aux faits par les possibilités. Il me semble au contraire, que c'est votre Mémoire qui n'est rempli que de doutes, de peut-être, de conjectures, de possibilités. Quant à moi, j'ai presque par-tout produit des calculs & des faits que vous ne contestez pas, & raisonné d'après ces calculs & ces faits. Ce n'est pas là la marche d'un homme qui attaque les faits par la théorie.

Ce sont ceux qui ont établi les Priviléges exclusifs qui ont les premiers attaqué l'expérience. Les avantages de la liberté étoient un fait dans tous les genres de commerce, avant la découverte de l'Inde. Ceux du commerce libre, dans l'Inde même, ont été autant de faits observés dans plusieurs Nations avant l'établissement des Priviléges. C'étoit un fait en Hollande avant la réunion en Compagnie des Négocians particuliers. C'étoit un fait en Angleterre. C'étoit un fait chez les Portugais, qui ont fait, sans Compagnies, des établissemens immenfes dans les deux mondes. Ce fait a reparu de tems à autre ; en Angleterre avant la conceſſion faite par Cromwel ; en France à differentes reprifes. C'eſt contre ces faits que les Fondateurs des Compagnies ont allégué des poſſibilités : Et de nouveaux faits, c'eſt-à-dire, la ruine ſucceſſive de toutes les Compagnies, celle de la Compagnie de France preſque conſommée ; celle de la Compagnie Angloiſe qu'on peut prévoir, &c. ont prouvé que cette poſſibilité de ſoutenir un commerce par Compagnie excluſive avec avantage pour l'État, que cette poſſibilité, dis-je, étoit une vraie chimere. Qu'on decide ſur cela qui de nous deux a combattu l'expérience par la théorie & les faits par des poſſibilités.

Mais ce qui me paroît ſur-tout étrange, c'eſt qu'en m'accuſant d'attaquer l'expérience par la théorie, vous me taxiez de *dédaigner les idées établies dans le commerce & l'eſpece d'inſtinct* que vous attribuez aux Négocians, *qui doit, ſelon vous, ſa naiſſance à une multitude de perceptions & de combinaiſons fines que l'œil actif & pénétrant de l'intérêt a ſaiſi, & que les ſpéculations tranquilles de la théorie n'ont pas apperçues.*

D'abord je ne puis pas m'effrayer de cet argument, quand je conſidere que j'aurois pu donner place dans mon Mémoire à tout ce que vous dites là, & m'en ſervir pour prouver que le commerce particulier eſt poſſible. Car enfin ceux qui, comme vous, nient la poſſibilité du commerce de l'Inde & ſes avantages pour l'État, ne ſont-ils pas ceux-là mêmes qui *dédaignent les idées établies dans le commerce,* puiſqu'aſſurément les Négocians des Ports de mer du Royaume croient & ont toujours cru que le commerce de l'Inde étoit poſſible & avantageux ? Ne ſont-ce pas les Défenſeurs du Privilége excluſif qui méconnoiſſent *les combinaiſons fines que l'œil actif & pénétrant de l'intérêt ſaura ſaiſir,* pour exercer le commerce de l'Inde ? &c.

Mais n'eſt-il pas ſingulier que vous vous donniez ici comme le Défenſeur des Négocians contre moi ? C'eſt moi, Monſieur, qui plaide leur cauſe, & vous qui les attaquez. C'eſt moi qui compte ſur leur intelligence, leur activité, leur probité, tandis que ma confiance en eux vous paroît fort mal placée.

J'avois dit que les Négocians des Ports du Royaume demandoient déja des permiſſions, & que leurs ſollicitations prouvoient mieux la poſſibilité du commerce de l'Inde que toutes les aſſertions des Défenſeurs du Privilége. Vos Réponſes à cet argument vont faire voir qui de vous ou de moi fait plus de cas de l'inſtinct des Négocians.

Vous dites, pag. 49 : *Que je n'ai pas pris garde qu'il y a tels moteurs ardens d'une expédition de commerce qui n'y peuvent rien perdre, qui gagnent une commiſſion, vantent leur talent & leur induſtrie, tandis que les Citoyens de Paris, moins habiles qu'eux, fourniſſent l'argent & courent les riſques.* Vous dites auſſi, pag. 40 : *Que ſi le commerce de l'Inde ſe fait, les fonds en ſeront vraiſemblablement fournis par les Capitaliſtes de Paris, ſur le rapport de quelques bons faiſeurs de projets, & par la douce Société de l'eſprit des uns avec l'argent des autres.*

Dans ces deux endroits, Monſieur, vous oppoſez les Négocians des Ports du Royaume aux Capitaliſtes Citoyens de Paris. Ce ſont ceux-ci qui ſont les *moins habiles*, & qui mettent leur argent dans la Société, & ce ſont ceux-là, j'entends une partie au moins de ceux-là, qui ſont *les moteurs ardens d'une expédition*, *ſans pouvoir y rien perdre*, qui ſont *plus habiles* que les Capitaliſtes de Paris, & qui font une *douce Société de leur* eſprit avec l'*argent d'autrui*.

Il me ſemble, Monſieur, que parmi les Capitaliſtes de Paris il y a auſſi des gens *habiles*, *de bons faiſeurs de projets*, & des gens d'*eſprit*. A cet égard la Capitale pourroit fournir des exemples auſſi abondans, proportion gardée, que les Villes commerçantes du Royaume, mais ces exemples ne ſont pas le cours ordinaire du commerce, ni les mœurs communes des Négocians. Nous ne devons en argumenter ni vous ni moi, pour ou contre les inconvéniens du commerce de l'Inde. Lorſqu'il ſe fera, vous verrez la bonne foi s'y établir à la ſuite des précautions qu'on prendra, & que l'intérêt particulier ſuggerera. Mais, en donnant des idées ſi défavorables des Négocians du Royaume, comment pouvez-vous vous préſenter comme leur Défenſeur & leur Apologiſte contre moi, qui ſuis le véritable Défenſeur de leurs droits & de leur liberté ?

Je finirai en repouſſant le dernier reproche que vous me faites, Monſieur, d'avoir donné *des attaques indirectes à la pureté des intentions des perſonnes qui ont défendu, juſqu'à préſent, l'utilité de la Compagnie des Indes.*

C'eſt d'abord une conſolation pour moi, de voir que vous convenez vous-même que ces attaques, en les ſuppoſant réelles, ne ſont qu'indirectes. Mon crime ne peut plus être ſi grand.

On pourra excuſer un écrivain Défenſeur de la liberté publique, ſans intérêt lui-même à ce qu'elle ſoit rétablie, qui ſe permet de dire généralement & ſans avoir en vue aucun particulier, que les perſonnes intéreſſées à la conſervation du Privilége excluſif, peuvent ſe laiſſer ſéduire par le motif d'intérêt. Cette faute, dis-je, paroîtra excuſable à des yeux non prévenus.

En ſecond lieu, ſi l'opinion que tous les hommes ſont des fripons eſt affligeante & fauſſe, la croyance que vous m'ordonnez d'avoir *que les hommes ſont tels qu'ils doivent être*, n'eſt pas raiſonnable, & ne peut ſe ſoutenir contre quelque expérience & quelque connoiſſance du cœur humain.

Je ſuis moins porté que perſonne à penſer mal des hommes, & de nous deux, Monſieur, j'oſe avancer, ſans crainte, d'être démenti par aucun de ceux qui nous connoiſſent l'un & l'autre, que je ſuis celui qui en ai la meilleure opinion. C'eſt dans les affaires d'intérêt qu'on apprend à mal penſer d'eux; vos principales occupations ſont de cette eſpèce; vous devez donc être accoutumé à la défiance, aux précautions : vous avez fait bien plus d'expériences que moi de la force avec laquelle l'intérêt particulier dirige & domine les actions des hommes. Quant à moi, j'ai cru voir cette influence de l'intérêt ſur leurs opinions, & perſonne de bonne foi ne peut la nier & la méconnoître.

Le ſeul endroit où j'aye *attaqué indirectement la pureté des intentions* des perſonnes qui défendent l'utilité de la Compagnie des Indes ſe trouve à la page 148. J'entreprends d'y prouver que l'*autorité des Négocians qui demandent la liberté, doit être d'un plus grand poids aux yeux du Gouvernement que celle des défenſeurs du Privilége excluſif,* parce que *le plus grand nombre de ceux-ci,* qu'on remarque que je dis *le plus grand nombre,* & non pas *tous, eſt de perſonnes intéreſſées à la conſervation de la Compagnie qui peuvent ſe laiſſer tromper par le déſir de ſoutenir leur Privilége.* Au lieu que les Négocians demandant la liberté, non seulement n'ont aucun intérêt à en soutenir la possibilité, mais ont au contraire le plus grand intérêt à ne pas se tromper en croyant le commerce possible, supposé qu'il ne le soit pas.

Je laisse juger aux personnes équitables, si après m'être exprimé avec cette modération, j'ai mérité la grande leçon que vous me donnez : *laissez, laissez ces vils soupçons d'intérêt particulier à ces hommes médiocres, qui n'ayant jamais apperçu d'autre levier dans leur cœur, croient que le monde entier se remue comme eux ; & jusqu'à ce qu'on vous prouve le contraire, croyez les hommes tels qu'ils doivent être.*

Non, Monsieur, je ne croirai point sur votre parole que les hommes en général sont tels qu'ils doivent être, & que leur intérêt n'influe pas sur leurs opinions. Je ferai des exceptions nombreuses à cette régle, mais la régle renfermera encore plus de cas qu'elle n'aura d'exceptions.

Comme il est impossible que vous vous soyez fait le défenseur du genre humain contre une maxime générale que l'expérience des hommes & des affaires doit vous avoir démontrée cent fois, je ne puis expliquer vos reproches que par la supposition que vous avez cru que je vous comprenois vous-même parmi les personnes qui défendent la Compagnie par des motifs d'intérêt particulier. Mais c'est là une grande injustice que vous m'avez faite. Je vis dans votre société ; je ne vous ai jamais montré que de l'attachement & de l'estime. Comment n'avez-vous pas pensé que dès qu'il y avoit des exceptions à faire à cette maxime, il y en avoit pour vous ?

Oui, Monsieur, je vous excepte, parce que la connoissance que j'ai de votre caractere & de vos sentimens me prouve que vous ne ressemblez pas en cela au commun des hommes. Je suis convaincu que vous n'êtes animé par aucun motif d'intérêt. J'excepte aussi un grand nombre de personnes que des préventions anciennes, que des idées peu justes du commerce en général, le défaut d'attention à toutes les raisons qui militent en faveur de la liberté, & d'autres motifs semblables tiennent encore attachées au Privilége exclusif. Tout particulier qui peut se rendre le témoignage d'être aussi désintéressé que vous, a le droit de s'excepter aussi, & je l'en excepte de tout mon cœur. Je n'ai voulu blesser personne.

Cette

Cette difposition fe montre clairement dans mon Mémoire, dans les endroits où je me suis le plus abandonné à mes mouvemens. Je n'ai parlé que généralement, & je défavoue hautement toute application qu'on pourroit faire, à quelque particulier que ce foit, de ce que j'ai dit des hommes en général.

Que peut-on exiger de plus? Quel reproche me refte-t-il à effuyer pour avoir dit & penfé que l'intérêt particulier pouvoit avoir animé d'*autres* défenfeurs de la Compagnie. Je ne méritois donc pas la leçon que vous me donnez.

C'eft moi, Monfieur, qui pourrois me plaindre, avec beaucoup plus de raifon, de ce que vous n'avez pas rendu juftice à la droiture de mes intentions. Si vous euffiez dit, que les ennemis du Privilége exclufif de la Compagnie avoient aufli des motifs d'intérêt pour le combattre, je me ferois excepté de votre condamnation, parce que j'aurois fuppofé que vous n'aviez pas voulu m'y comprendre. Mais il ne s'agit pas ici d'une imputation générale dans laquelle je croirois mal-à-propos que je fuis enveloppé. Vous m'adreffez la réponfe à mon Mémoire. Vous en faites la lecture à l'affemblée des Actionnaires, dont une partie étoit déja mal difpofée contre moi. Vous m'accufez d'irrégularité dans mes procédés. Vous me chargez d'avoir établi une inquifition odieufe fur la propriété des Actionnaires, de les avoir dépeints comme des hommes avides, &c. de difcuter les droits des Actionnaires avec une partialité qui fe manifefte à chaque inftant, &c.

Outre qu'une partie de ces imputations eft étrangere à l'état de la queftion, d'après l'amitié qui me lioit & me lie encore à vous, d'après votre eftime pour moi, n'avois-je pas droit d'attendre que vous adouciriez l'amertume de mes reproches par quelque témoignage rendu à la droiture de mes intentions. Je paffe ma vie avec vous & vos amis. Vous connoiffez ma fimplicité, mon amour pour la vérité, mon refpect pour les droits de la propriété & de la liberté, mon défintéreffement même; &, j'ofe le dire, quelques vertus qui me rendent également incapable & de commettre une injuftice réflechie, & de défendre une opinion dont je ne ferois pas perfuadé. Vous deviez, ce me femble, me rendre cette juftice publiquement. Vous pouviez, en combattant mes affertions, déplorer mon aveu-

T

glement; mais vous deviez dire que je n'étois pas de mauvaise foi. Par-là vous auriez calmé, au moins en partie, l'indignation que vous excitiez sans doute contre votre intention, & les impreſſions défavorables que vous donniez des opinions, ne ſe feroient pas étendues juſques ſur la perſonne. Voilà, Monſieur, des torts plus réels que ceux que vous me reprochez; mais ils diſparoiſſent devant l'eſtime & l'amitié que je vous ai vouées.

Je finis, Monſieur, en répétant que je ne répondrai pas aux autres critiques qu'on a faites, ou qu'on pourra faire déſormais de mon Mémoire. Je crois que les principes que j'y ai expoſés & les développemens ultérieurs que j'y ai donnés dans cette replique à vos obſervations, ſuffiſent à toute perſonne raiſonnable & déſintéreſſée pour fixer ſes opinions ſur cet objet important. Je ne prétends pas pour cela qu'on ne puiſſe me faire encore quelques objections fondées, ſur quelques détails : j'ai pu me laiſſer aller à quelques paralogiſmes, donner quelques preuves peu ſolides, répondre foiblement à quelques argumens oppoſés à la liberté. Mais ces paralogiſmes, ces mauvaiſes preuves, ces réponſes foibles ne tiennent point au fonds de la queſtion. Ceux qui auront vraiment cette eſpéce de goût ſûr & prompt, qui fait diſtinguer la vérité, paſſeront par-deſſus ces légers obſtacles pour arriver à elle, & auront quelque reconnoiſſance pour le guide qui les y aura conduits malgré quelques faux pas qu'il aura faits dans la route. Pour ceux qui ne ſeroient pas dans ces diſpoſitions, leur opinion m'eſt indifférente, & je regarderois comme un tems abſolument perdu celui que j'employerois à diſputer encore avec des gens qui ne veulent pas être convaincus.

J'ai d'autant plus de droit à me diſpenſer de continuer plus long-tems cette diſcuſſion, qu'un travail plus important & plus utile m'appelle & demande tous mes ſoins. Le *Dictionnaire de Commerce* ne me permet pas de diſtractions; & ſans l'importance de la queſtion, qui rentre d'ailleurs dans les objets dont je m'occupe, je n'aurois pas dérobé à mon travail ordinaire le tems que j'ai employé à la diſcuter. Je reprends donc une occupation longue & pénible à laquelle je ſuis dévoué depuis huit années, & qui pourra peut-être me mériter du Public éclairé une bienveillance qui me dédommagera des préventions injustes, qu'on s'est efforcé de répandre contre l'Auteur du *Mémoire sur la situation actuelle de la Compagnie des Indes.*

Quant au sort de la Compagnie & à la forme que pourra prendre le commerce de l'Asie, je n'y mets d'intérêt qu'en qualité de Citoyen. Qu'on rende la liberté au commerce ou qu'on le laisse sous le joug du Privilége, j'aurai atteint au but que je me suis proposé en écrivant. Je ne me suis pas flatté de persuader tout le monde, & encore moins de faire agir d'après cette persuasion quand je serois parvenu à l'établir. On peut conserver & soutenir la Compagnie des Indes aux dépens du revenu public, comme on a fait depuis qu'elle existe. On peut lui donner encore, comme en 1747, 80 millions, & trouver que ce sera là un emploi fort juste & fort avantageux, des impôts payés par les habitans des campagnes, & les propriétaires de terre ; toutes les choses dans lesquelles j'ai placé le bonheur de ma vie continueront d'être les mêmes, parce qu'elles dépendent de moi & que personne ne peut me les ôter. Je me consolerai de voir mis en oubli les seuls principes que je croie vrais par la satisfaction que j'aurai de les avoir encore exposés & défendus. J'aurai au moins élevé un nouveau monument à la liberté du commerce. Monument qui rendra un jour témoignage contre les défenseurs de la doctrine funeste des Priviléges. Ce jour n'est pas même fort éloigné. On peut prévoir & assurer avec certitude que si le Privilége exclusif de la Compagnie est encore conservé, d'ici à un très-petit nombre d'années, cet établissement, après avoir été encore à charge à l'Etat & s'être maintenu aux dépens de tous les ordres de Citoyens & des progrès même du commerce, aura le sort de tous ceux qui l'ont précédé. Mais on se souviendra au moins que l'événement avoit été annoncé : qu'il s'est trouvé des Citoyens qui ont dit la vérité avec courage, & des hommes en place qui ont voulu faire le bien ; & ce mot sera la récompense des uns & des autres.

*F I N.*

*P. S.* MONSIEUR,

Pendant que je m'occupois de vous répondre, j'ai appris un fait qui doit être venu à votre connoissance, qui seul suffiroit pour décider les questions agitées entre vous & moi, & qui pouvoit me dispenser des discussions dans lesquelles je viens d'entrer. Vous savez que les Syndics, Administrateurs & Députés de la Compagnie, & les Députés du commerce des Villes du Royaume, ayant été mandés, le 21 Août, au Parlement, y ont répondu à diverses questions qui leur ont été faites par M. le premier Président, relativement à la situation actuelle de la Compagnie, & au commerce de l'Inde en général. Si ces réponses eussent été seulement équivoques, si on eut tâché d'y pallier le mauvais état des affaires de la Compagnie, ou si on eut paru craindre que le commerce du Royaume ne souffrit de la suspension ou supression du Privilége, je ne tirerois de cet événement aucun avantage contre vous. Mais si ces réponses sont précisément celles qui doivent résulter de l'état de la Compagnie tel que je l'ai dépeint ; si elles sont parfaitement conformes aux principes de la liberté du commerce que j'ai exposés, vous avouerez, Monsieur, que j'ai droit d'y voir l'apologie la plus complette de mon Mémoire, & la réfutation la plus décisive du vôtre.

Or c'est, heureusement pour moi, ce qui est maintenant bien connu.

Messieurs les Députés, Syndics & Administrateurs de la Compagnie sont convenus, par-devant les Commissaires du Parlement, qu'ils avoient besoin pour continuer leur commerce de 46 millions, somme dans laquelle ils n'ont pas compris l'intérêt qui fait un objet de 7 à 8 millions pendant les trois ans qui doivent s'écouler avant la rentrée des premiers fonds que la Compagnie doit retirer de l'Inde ; le tout faisant ensemble 54 millions.

Il sont convenus qu'il leur manqueroit deux millions des fonds qu'ils attendoient de l'Inde pour cette année, en déficit sur ce qu'ils avoient calculé dans leur actif.

Ils font convenus qu'ils avoient 7 millions de moins qu'ils n'avoient compté posséder dans l'Inde, somme qu'il faut déduire de ce que j'avois présenté comme le capital de la Compagnie.

Ils font convenus qu'ils n'avoient que 700 mille francs dans le Bengale, & 700 mille francs en Chine à employer dans leurs premiers achats.

Ils font convenus qu'ils n'avoient encore trouvé, depuis le 14 Mars de la présente année qu'ils ont été nommés Députés, Syndics & Administrateurs, aucun moyen auquel ils eussent pu s'arrêter de pourvoir aux besoins pressans de la Compagnie. (Vous n'ignorez pas, Monsieur, qu'au moment où ils répondoient ainsi, vos propres projets avoient passé sous les yeux d'un comité formé par les 40 Députés des Actionnaires, nommés le 8 Août 1769).

D'un autre côté, les Députés du commerce des principales Villes du Royaume & des Villes maritimes ont dit, en répondant aux questions de la Cour:

Que le Privilége de la Compagnie leur avoit toujours paru nuisible au commerce du Royaume, dans toutes les occasions qu'ils avoient eues d'en examiner différentes branches.

Qu'ils ne doutoient pas que le commerce particulier ne se fît avec succès, que ce commerce ne manqueroit pas de capitaux, que l'économie vaincroit les difficultés, & fourniroit aux dépenses nécessaires.

Qu'avec la protection de Sa Majesté, les Négocians du Royaume soutiendroient le commerce de l'Inde comme la Compagnie elle-même, &c.

Je vous le demande, Monsieur, je le demande à tout Lecteur de bonne foi, ces Réponses ne font-elles pas décisives pour moi contre vous? Que deviennent vos assertions, ou plutôt vos doutes & les incertitudes que vous vous efforcez de répandre sur les vérités que je crois avoir établies?

Vous contestez ce que j'ai dit de la situation de la Compagnie, & ses Députés, Syndics & Administrateurs, cités au premier tribunal du Royaume, confirment à peu de choses près, & mes calculs & mes assertions sur cette situation.

Vous contestez ce que j'ai dit des effets funestes du Privilége de la Compagnie, & de la possibilité de faire le commerce de l'Inde sans Privilège, & les Députés du commerce des Villes du Royaume adoptent & énoncent les mêmes principes, le même desir de voir la liberté rétablie, & les mêmes espérances des biens qu'elle apportera. Etes-vous assez bien réfuté, & ma réplique à vos observations n'étoit-elle pas superflue ?

Mais elle le devient encore bien davantage, & votre Mémoire acheve de perdre toute consistance, par la décision même du Parlement, sur la question agitée entre vous & moi.

Le Parlement, Monsieur, tout vu & considéré, arrête des Représentations au Roi, dont les principaux objets sont :

La conservation des droits de la propriété des Actionnaires.

La forme dans laquelle les dispositions de Sa Majesté ont été rendues publiques.

Les inconvéniens qu'auroient pour le commerce les droits annoncés & non encore fixés, à percevoir sur les marchandises de l'Inde, la nécessité de faire les retours à l'Orient, & sur-tout celle d'obtenir des Passe-ports signés de la Compagnie, ou du Ministre de la marine & des Députés du commerce.

Il ne m'appartient pas de rien dire sur les deux premiers objets. Tout Citoyen ne peut voir qu'avec plaisir les Magistrats & le Souverain concourir à assurer de plus en plus les droits de la propriété & l'observation des formes légales les plus respectées. Mais ce qui est plus consolant encore, ce qui est décisif en ma faveur & absolument contraire aux opinions que vous avez voulu défendre, c'est de voir le premier Parlement du Royaume, devenir l'Apologiste & le Défenseur de la liberté du commerce que vous avez attaquée, s'efforcer de faire donner plus d'étendue à celle que le Roi venoit d'accorder par son Arrêt du Conseil, & engager Sa Majesté à lever encore quelques obstacles qu'elle avoit laissés subsister, comme des débris d'un ancien édifice qu'on croyoit utiles à la construction d'un nouveau.

Voilà, Monsieur, ce qui me donne les espérances les mieux fondées de voir bientôt la liberté du commerce de l'Inde, apportant à l'État les plus grands avantages, & les événemens concourir avec la sagesse de l'Administration à justifier les principes que j'ai exposés. Voilà, Monsieur, la meilleure défense que je puisse faire de mon Mémoire, & ce sera la derniere.

---

## E R R A T A.

*Page* 1, *ligne* 5, ancien Administrateur ; *lisez*, ancien Syndic.

P. 7, *lig.* 34 ; *lisez*, puisque vous n'alléguez aucune preuve qu'aujourd'hui même ils ne soient pas réduits à 39 millions, non compris les fonds morts, ni qu'elle n'ait pas besoin des 60 millions, pour continuer son commerce, &c.

P. 9, *lig.* 27, aidée ; *lisez*, aidé.

P. 57, *lig. dern.* de plus d'un quart ; *lisez*, de près d'un cinquiéme.

P. 69, *lig.* 22 & 23, *du commerce de la Nation*, &c. *lisez ces mots* en romain, & non en italique.

P. 87, *lig.* 30, les conventions du Systême. *lisez*, les convulsions.

P. 133, *lig.* 14, sans le Privilége ; *lisez*, sous le Privilége.

P. 135, *lig.* 2, 40 p. $\frac{o}{o}$ que pourra payer, &c. *lisez*, que payeroit, selon vous, le commerce particulier ( ce qui est absolument impossible & outré de plus des trois quarts).

### Addition à l'Errata.

Je suis convenu, *pag.* 111 & 112, & en quelques autres endroits, que la Compagnie *avoit Gagné par les opérations de son Commerce depuis* 1764. Les Députés avoient avancé ce fait dans les premiers états d'une maniere si positive, que j'ai cru ne devoir pas le contester. Cependant comme ils n'avoient eux-mêmes calculé que d'après des spéculations poussées jusqu'en 1772, qui se trouvent détruites, en grande partie, par les dernieres nouvelles reçues de l'Inde, & notamment par l'erreur de 7 millions 200 mille livres sur les fonds du Bengale, dont j'ai fait mention *pag.* 150, je me trouve forcé, malgré toute ma bonne volonté, de ne plus croire à ce prétendu Bénéfice qui disparoîtra probablement aux yeux mêmes des Actionnaires, dans les premiers comptes qui leur seront rendus.

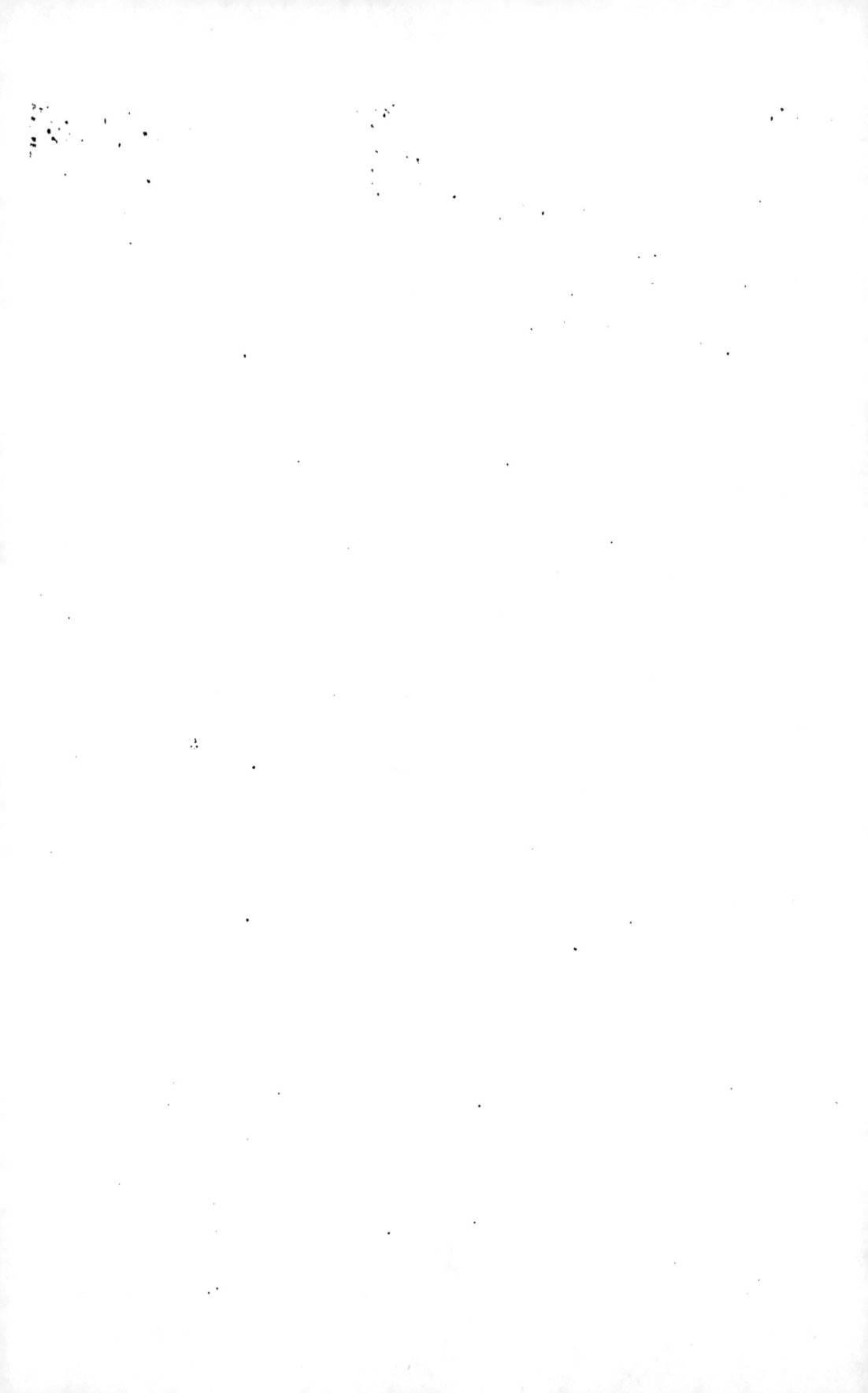

www.ingramcontent.com/pod-product-compliance
Lightning Source LLC
Chambersburg PA
CBHW050015100426
42739CB00011B/2648